好老板
成功经系列

老板要懂的财税常识

滕晋 主编

化学工业出版社
·北京·

《老板要懂的财税常识》首先告诉您创业做老板的成功要素，只有具备了成功必备的素质并持续不断的学习，您才可能创业并成功。

然后，《老板要懂的财税常识》从以下几个方面对拟创业的人员提供指导：

- 会计法规与责任认识。
- 了解会计知识。
- 读懂资产负债表。
- 读懂现金流量表。
- 读懂利润表。
- 企业财务状况总体评价。
- 税务常识。

《老板要懂的财税常识》可供有志于自己创办企业、开办公司的毕业生、职场人士阅读，为您所创办的公司、企业进行针对性的财务税务管理，提升业绩提供指导和帮助。以期在最短的时间内助力您创业成功！

图书在版编目（CIP）数据

老板要懂的财税常识/滕晋主编．—北京：化学工业出版社，2015.10（2024.3重印）
（好老板成功经系列）
ISBN 978-7-122-25022-3

Ⅰ.①老… Ⅱ.①滕… Ⅲ.①企业管理-财务管理 Ⅳ.①F275

中国版本图书馆CIP数据核字（2015）第202103号

责任编辑：陈 蕾　　装帧设计：尹琳琳
责任校对：宋 玮

出版发行：化学工业出版社（北京市东城区青年湖南街13号　邮政编码100011）
印　　装：涿州市般润文化传播有限公司
710mm×1000mm　1/16　印张$10\frac{3}{4}$　字数198千字　2024年3月北京第1版第13次印刷

购书咨询：010-64518888　　售后服务：010-64518899
网　　址：http://www.cip.com.cn
凡购买本书，如有缺损质量问题，本社销售中心负责调换。

定　　价：49.00元　

前言

PREFACE

自己创业当老板，是许多大学毕业生、职场人士的梦想，然而，创业是一个复杂的过程。当老板很风光，时间很自由，但是创业不容易，经营好企业更不容易，许多人雄心勃勃地开办企业，但是却在艰难中营业，有的经营不久就倒闭了。创业为什么失败？经营企业为什么会不成功？究其原因主要有以下10点。

● 没有进行事先详细周密的市场调查，只是道听途说某行业好赚钱，就贸然投资进去。

● 生意上贪大求新，野心很大，排场不小，但是却往往超过了自己的经济承受能力。

● 没有从自己最熟悉、最特长的业务起步，往往听说什么赚钱，就开什么店，做什么业务。

● 打价格战。

● 缺乏依法经营和自律观念。

● 思维受限制，不能立足长远，总想赚快钱，寻找短平快项目。

● 只注重硬件的投入，在软件上（服务质量、人员素质、管理水平）却舍不得投资。

● 财务上没有遵循审慎原则，没有预留足够的准备资金，在生意不顺利时，财务上往往面临资金周转不灵的问题。

● 不能充分利用政府的优惠政策合法避税，有时还有意无意触犯法律，反而留下法律上的后遗症。

● 缺少必要的经营企业的经验。

基于此，作者凭借多年成功创业的经验和对企业管理咨询的经验，策划了本书，以此为新创业的大中专毕业学生、新创办公司的有志之士提供一个参考。

《老板要懂的财税常识》主要从以下7个方面对拟创业的人员提供指导。

● 会计法规与责任认识。

- 了解会计知识。
- 读懂资产负债表。
- 读懂现金流量表。
- 读懂利润表。
- 企业财务状况总体评价。
- 税务常识。

本书由滕晋主编，在编写整理过程中，获得了许多朋友的帮助和支持，其中参与编写和提供资料的有侯其锋、安建伟、赵辉、李宁宁、李浩、王建伟、王玲、王春华、王国利、王玉奇、王荣明、钟玲、吴业东、陈素娥、刘光文、刘作良、陈丽、高培群、高淑芬、鲁跟明、唐琼、况平、宁仁梅、刘春海、赵慧敏、温泉、何立、刘俊、匡仲潇，最后全书由滕晋统稿、审核完成。在此，编者对他们所付出的努力和工作一并表示感谢。同时本书还吸收了国内外有关专家、学者的最新研究成果，在此对他们一并表示感谢。

由于编者水平有限，加之时间仓促、参考资料有限，书中难免出现疏漏与缺憾，敬请读者批评指正。

编　者

目录
CONTENTS

导读 创业做老板成功要素

第一章 会计法规与责任认识

《中华人民共和国会计法》规定，一旦企业的财务工作出现了问题，首先应该追究企业法定代表人或是经理人的责任，作为一个企业老板，不能以不懂会计法规、不懂会计业务为由推脱责任。因此，你要积极地了解会计法、会计准则和会计制度，知道要承担的会计法律责任，以防止在经营过程中的会计风险。

第二章 了解会计知识

作为一个老板，你不必成为会计，但必须了解会计；你没必要对会计业务非常精通，但一定要了解一些基础知识，会计术语也许很晦涩，但都代表了特定的含义，都能准确简明地反映相关会计信息。这些会计概念和术语是了解和从事会计活动的通用语言，是老板阅读和理解财务信息的敲门砖。

第三章 读懂资产负债表

资产负债表是反映企业在某一特定日期（月末、季末、年末）财务状况的报表，属于静态会计报表。作为老板的你若能读懂资产负债表，就会了解企业所拥有或控制的经济资源及其分布情况，企业财务实力、短期偿债能力和支付能力，企业未来的财务趋势，企业融通资金和使用资金的能力及企业的经营绩效。

第四章　读懂现金流量表

现金对于一个健康的财务机体来说，就像血液对于人体一样。血液只有流动起来人体才能健康，同样现金要具有流动性，企业才有生命力。作为一个老板只有读懂现金流量表，才能了解企业支付能力、偿还能力和周转能力，预测企业未来现金流量。

第五章 读懂利润表

利润表是反映一定会计期间的经营成果的报表。通过阅读利润表，你可以知道企业在一定会计期间收入、费用、利润的数额、构成情况，全面地了解企业的经营成果，分析企业的获利能力及盈利增长趋势，为你作出企业发展的经济决策提供依据。

第六章 企业财务状况总体评价

总体评价财务状况，就是真实感知企业财务状况的实际情况，包括经营过程中的经营成果评价，也包括在某个时点的资产负债表所反映的数据评价，即既有对时点数字的理解，也有对期间数字的理解。一般来说，可以从四个方面来评价一个企业的财务状况：偿债能力、运营能力、盈利能力和发展能力。

第七章　税务常识

依法纳税是每个企业和公民应尽的义务，学习和了解国家税收政策和有关规定对于确保合法经营和企业正常业务的开展具有十分重要的意义。

作为一个企业的老板，了解必要的税务知识是非常必要的，这不只是财务人员的事情。税务知识是非常专业的知识，老板当然不需要精通，但一定要懂一点，知道有哪些税种，知道企业的税负情况，知道日常经营活动中的涉税问题、发票与收据的真伪、税务部门检查的应对。

创业做老板成功要素

众所周知，创业是一个复杂的过程，要取得成功，除了具备一定的素质外，更要有不断学习的精神，掌握相关的企业经营知识。

一、成功必备素质

不是所有的人创业当老板就一定会成功，每一个成功的老板都有自己特定的素质。获得创业的成功，不仅需要项目、资金和运气，更与创业者的个人素质密切相关。

（一）强烈的创业动机

首先你得知道自己的动机，不管是为了实现人生价值也好，为了创造更多财富也好，还是为了改变现状，总之要有一个非常明确的动机，而且这种动机是来自骨子里的，根深蒂固，一刻也不会动摇，因为这种强烈的动机会伴随你的整个创业征程。

（二）要有好的执行力

执行力是创业最不可缺少的素质，万事开头难，做任何事情是否能下定决心去做，这是最最关键的。创业需要一番破釜沉舟的勇气，犹犹豫豫的人是很难成功的。90%以上的新人，都是“晚上想着千条路，早上起来走原路”，缺乏很好的执行力和行动力。

（三）要有承受风险的心理准备

任何事情都有风险的存在，好的心理素质是成功的关键。机遇总是伴随着风险。所以创业之人，一定要有承担创业失败风险的能力和心理素质。创业中遇到的问题永远都会超出你的想象，如果不能接受创业失败的风险，还是找一份稳定的工作为好。如果能将创业失败最坏的打算都罗列出来，你依然能够接受，那就勇敢地去闯吧。

（四）利用好一切有用资源

学会利用资源能够让你事半功倍，都说创业需要机遇，其实就在你的身边，看你能不能用好，这也是一个创业者要具备的最基本的眼光和商业意识。要充分利用好身边的一切有用资源，包括资金、人脉、信息、渠道等，最好从身边熟悉的行业或有兴趣的行业入手，这也是所有创业者当初面临的问题，不知从哪里下手，觉得自己什么都行，再想想觉得又什么都不行。

你可以先进入一个行业，跟着别人做上一年半载，学到行业基本知识后，再出来创业；找一个要好的朋友，向他学习，让他带你一段时间；找个有行业经验的合伙人一起做，这样走的弯路也少，上手也会很快；或者选择加盟一些创业平台，这类创业平台会有总公司提供全套的技术支持，比如国内目前比较流行的一些创业平台，没有任何经商经验都可加盟，手把手教授，还提供完善的售后跟进服务，很适合没有经验的创业者，当然相对来说不会有暴利。如果想一口吃成胖子，肯定会失败的，必然要走一段很长的弯路。

（五）要对自己非常有信心

相信自己才是成功的关键，尤其是在创业的路上，精神动力和意志非常重要。创业并非人人适合，创业中遇到的困难和问题有时会让你绝望，无所适从，这时更要相信自己，告诉自己“我能行”，想着自己未来成功的时刻，你就会咬咬牙挺过去。

（六）一刻也不要放弃

不抛弃不放弃，再苦再难，也要坚强。在一个行业要坚持做下去，一刻也不要放弃。要不断地总结经验和调整经营策略，要经常反省自己，找出自己的不足之处，加以改正。

二、要持续不断地学习

作为创业者，在企业的经营过程中会遇到许多经营管理的难题，因此需要持续不断地学习，要学习各种知识，包括行业的相关知识，各类管理、营销、人力、策划、财税、法律等。一个没有很好学习能力的创业者，很难将企业经营好，也很难当一个赚钱的老板。

本书为创业的老板们介绍企业经营过程中会运用到的财务和税收方面的知识，主要内容见表0-1。

表0-1　企业经营过程中会运用到的财税常识

序号	知识点	具体内容描述
1	会计法规与责任认识	· 会计法规体系 · 企业经营管理者会计责任 · 如何避免违反会计法规的风险
2	了解会计知识	· 会计工作概述 · 会计核算的基本要素 · 会计科目 · 会计凭证 · 会计账簿
3	读懂资产负债表	· 资产负债表基础知识 · 资产负债表的阅读
4	读懂现金流量表	· 现金流量表概述 · 现金流量表的阅读
5	读懂利润表	· 利润表概述 · 利润表的阅读
6	企业财务状况总体评价	· 企业偿债能力评价 · 企业运营能力评价 · 企业盈利能力评价 · 企业发展能力评价
7	税务常识	· 我国税收种类 · 企业日常经营活动涉税问题 · 发票与收据 · 税收检查

会计法规与责任认识

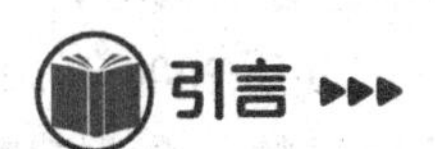

《中华人民共和国会计法》规定，一旦企业的财务工作出现了问题，首先应该追究企业法定代表人或是经理人的责任，作为一个企业老板，不能以不懂会计法规、不懂会计业务为由推脱责任。因此，你要积极地了解会计法、会计准则和会计制度，知道要承担的会计法律责任，以防止在经营过程中的会计风险。

第一节　会计法规体系

我国的会计法规体系是以《中华人民共和国会计法》（简称《会计法》）为主法形成的一个比较完整的体系，包括会计法律、会计行政法规、会计规章、地方性法规和会计工作规范性文件。在我国会计法规体系中，主要包括有《会计法》、会计准则和其他对会计核算有影响的法规。

一、会计法

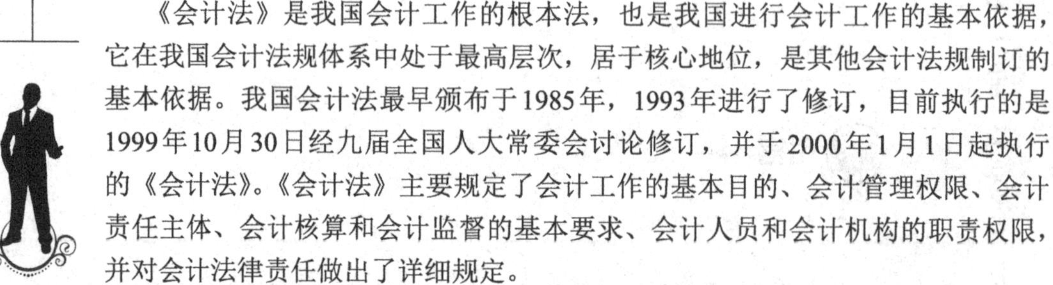

《会计法》是我国会计工作的根本法，也是我国进行会计工作的基本依据，它在我国会计法规体系中处于最高层次，居于核心地位，是其他会计法规制订的基本依据。我国会计法最早颁布于1985年，1993年进行了修订，目前执行的是1999年10月30日经九届全国人大常委会讨论修订，并于2000年1月1日起执行的《会计法》。《会计法》主要规定了会计工作的基本目的、会计管理权限、会计责任主体、会计核算和会计监督的基本要求、会计人员和会计机构的职责权限，并对会计法律责任做出了详细规定。

二、会计准则

会计准则是我国会计核算工作的基本规范，会计准则是以《会计法》为指导，同时又是我国会计制度制订的依据。目前公司执行的是2006年财政部颁布，自2007年1月1日起执行的《企业会计准则——基本准则》（行政法规）和38项具体会计准则（会计工作行政规范）。会计准则体系包括了各行各业的所有经济业务的会计核算处理规则，是会计具体核算工作和外部中介机构审计的具体依据。

三、小企业会计准则

为了促进小企业（小企业是相对于大企业而言的概念，小企业一般是指规模较小或处于创业和成长阶段的企业，包括规模在规定标准以下的法人企业和自然人企业）发展以及财税政策日益丰富完善，形成以减费减免、资金支持、公共服务等为主要内容的促进中小企业发展的财税政策体系，2011年10月18日，财政部发布《小企业会计准则》，要求相关小企业自2013年1月1日起执行，2004年发布的《小企业会计制度》同时废止。

《小企业会计准则》共10章，90条，适用于在中华人民共和国境内依法设立的、符合《中小企业划型标准规定》所规定的小型企业标准的企业。符合《中小企业划型标准规定》所规定的微型企业标准的企业参照执行。

特别提示 ▶▶▶

《小企业会计准则》与《企业会计准则》的不同主要体现在《小企业会计准则》规定的核算方法比《企业会计准则》规定的核算方法简单。但《小企业会计准则》的简化不是更改核算方法，处理上仍保持了与《企业会计准则》的一致性，以便将来随着小企业规模发生变化，转换为执行《企业会计准则》时，可减少需要调整和说明的内容。

四、会计制度

会计制度是我国企业和行政事业单位会计核算工作的具体规范，它以《会计法》为依据，根据会计准则的要求，结合企业的特点和经营管理要求制订，直接对会计核算工作发挥规范性作用。

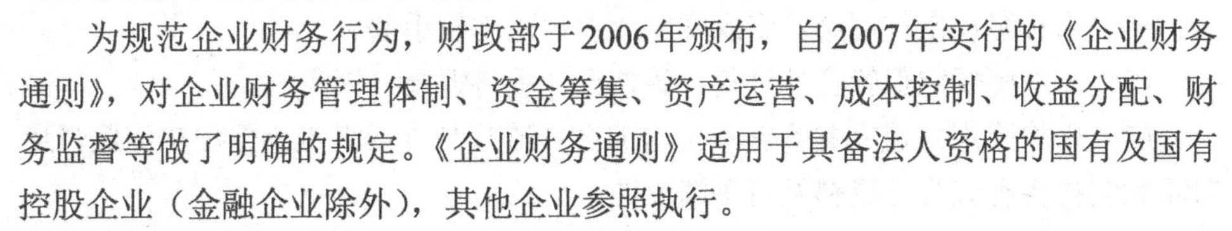

为规范企业财务行为，财政部于2006年颁布，自2007年实行的《企业财务通则》，对企业财务管理体制、资金筹集、资产运营、成本控制、收益分配、财务监督等做了明确的规定。《企业财务通则》适用于具备法人资格的国有及国有控股企业（金融企业除外），其他企业参照执行。

五、其他会计法律、法规和规范

以会计法为依据，国家先后颁布了一系列会计管理工作的法律法规，如《会计基础工作规范》、《总会计师工作条例》、《会计报告条例》、《会计从业资格管理办法》、《会计档案管理办法》等，分别从不同角度对会计工作进行了规定。

第二节　企业经营管理者会计责任

一、《会计法》中的规定

《会计法》第四条规定："单位负责人对本单位的会计工作和会计资料的真实性、完整性负责"。

《会计法》第二十八条的规定，单位负责人应当保证会计机构、会计人员依法履行职责，不得授意、指使、强令会计机构、会计人员违法办理会计事项。会计机构、会计人员对违反本法和国家统一的会计制度规定的会计事项，有权拒绝办理或者按照职权予以纠正。

《会计法》第四十二条的规定，违反本法规定，有下列行为之一的，由县级以上人民政府财政部门责令限期改正，可以对单位并处三千元以上五万元以下的罚款；对其直接负责的主管人员和其他直接责任人员，可以处二千元以上二万元以下的罚款；属于国家工作人员的，还应当由其所在单位或者有关单位依法给予行政处分。

（1）不依法设置会计账簿的。

（2）私设会计账簿的。

（3）未按照规定填制、取得原始凭证或者填制、取得的原始凭证不符合规定的。

（4）以未经审核的会计凭证为依据登记会计账簿或者登记会计账簿不符合规定的。

（5）随意变更会计处理方法的。

（6）向不同的会计资料使用者提供的财务会计报告编制依据不一致的。

（7）未按照规定使用会计记录文字或者记账本位币的。

（8）未按照规定保管会计资料，致使会计资料毁损、灭失的。

（9）未按照规定建立并实施单位内部会计监督制度或者拒绝依法实施监督或者不如实提供有关会计资料及有关情况的。

（10）任用会计人员不符合本法规定的。

前款所列行为之一，构成犯罪的，依法追究刑事责任。

《会计法》第二十一条的规定，单位的财务会计报告编好后，应当由单位负责人签名并盖章。但是要特别注意，不管谁代签，法律责任还是由单位负责人承担，委托人要对代理人的行为负责。

二、《企业财务通则》的规定

《企业财务通则》第十三条规定经营者财务管理职责主要包括以下内容。

（1）拟定企业内部财务管理制度、财务战略、财务规划，编制财务预算。

（2）组织实施企业筹资、投资、担保、捐赠、重组和利润分配等财务方案，诚实履行企业偿债义务，依法缴纳税费。

（3）执行国家有关职工劳动报酬和劳动保护规定，依法缴纳社会保险费、住房公积金等，保障职工合法权益。

（4）组织财务预测、财务分析，实施财务控制。

（5）编制并提供企业财务会计报告，如实反映财务信息和有关情况。

（6）配合有关机构依法进行审计、评估、财务监督等工作。

以上规定确立了企业经营者（负责人）的法定职责，明确了单位负责人是单位财务会计管理工作的第一责任人，并明确了违反法律法规的处罚。

第三节　如何避免违反会计法规的风险

一、提高法制观念、正确履行会计责任

作为老板，是企业负责人，也是本企业的法人代表，对本企业的会计工作负有不可推卸的责任。企业负责人应加强对以《会计法》为代表的财经法规的学习，了解《会计法》所提出的要求以及相应的法律责任，从思想上充分认识、高度重视《会计法》在规范会计行为、保证会计信息质量方面的重要意义。

在市场经济条件下，一些企业的老板为追逐政治或经济上的私利，指使会计部门和会计人员弄虚作假。《会计法》第二十八条规定：“企业负责人应当保证会计机构、会计人员依法履行职责，不得授意、指使、强令会计机构、会计人员违法办理会计事项。”所以，企业负责人应认真学习会计法，提高法制观念，摆正企业负责人在本企业会计工作中的位置，正确履行其会计责任，否则，很容易遭遇法律责任风险。

二、要特别重视《会计法》的学习

作为公司的老板，也是企业的负责人，必须要重视《会计法》的学习，因为《会计法》明确规定，单位负责人对单位会计工作和会计资料的真实性和完整性要承担法律责任。

企业负责人是会计行为的重要参与者，各种会计政策的贯彻执行、各种重大会计事项的决策等，都离不开企业负责人的参与。在我国，大部分负责人没有接受过系统的财会知识教育，这与西方一些发达国家形成鲜明的对比。

负责人首先应掌握会计基础知识和会计基本原则，包括会计的职能和作用、一般原则、会计处理程序和方法等。在此基础上进一步学习国家统一的会计制度，学会读懂和分析财务会计报告，包括资产负债表、利润表、现金流量表以及会计报表附注和财务情况说明书等。负责人只有熟悉掌握了财会知识，才能提高自己辨别、区分违法会计行为的能力，才能保证本企业的会计工作和会计资料的

真实性、完整性，才能充分掌握企业经营管理的全面情况，控制会计行为，防范会计风险，从而保证财务会计报告的真实和完整。

三、向企业的员工宣传《会计法》

作为老板，你有必要注意向企业员工宣传《会计法》，因为《会计法》中有很多内容是涉及业务人员的。比如企业业务员去采购，而拿回来的发票金额是错的，开票人在金额上划了一条横线，在这种情况下就存在税务风险。

四、重视制度建设

老板是会计责任主体，要保证会计信息的真实、完整，除了自己遵守《会计法》，不授意、指使、强令会计人员违法办理会计事项外，还必须防止会计机构内部人员的舞弊行为。

（一）会计人员的配置

要关注会计人员的配置，重视会计人员的职业继续教育，本着“以人为本”的原则，选拔任用素质高、道德品行好的人才，提高会计工作质量和效率，从而减少单位负责人由于会计人员的败德行为带来的法律风险。

特别提示 ▸▸▸

如果选拔人才时，过分地重视会计人员的服从性是不行的。因为如果会计工作有问题，而会计人员不提出来，或者不敢给单位提建议，那么单位负责人就很可能会因不熟悉财税制度而违反会计法规。

（二）重视会计机构的建设

应重视会计机构的建设，通过建立健全行之有效的内部控制制度和内部制约机制，明确会计相关人员的职责权限、工作规程和纪律要求，坚持不相容职务相互分离，确保不同机构和岗位之间的权责分明，相互制约、相互监督。

五、充分发挥内部审计的监督职责

《会计法》强调内部会计监督的目的在于：要使违法违纪行为首先遏制在会计工作初始阶段，不能将不法行为放纵到发生并铸成事实后，再寄希望于社会中介机构去审计、财政等执法部门去查办以及社会和政府的监督上。从规避会计法律责任的角度来看，企业老板应高度重视会计的监督职能，正确认识会计监督的重要地位，从而保护企业资产的安全、完整，保护其经营活动符合国家法律法规和内部有关管理制度，提高经营管理水平与效率。

会计监督是现代经济管理的重要组成部分。会计工作与其他工作的根本区别就在于它的政策性和法制性，会计人员行使职权受法律保护。企业要建立健全本企业的会计监督制度，保证会计机构和会计人员依法履行职责，只有正视会计监督的法律地位，负责人才能严格自律，遵守会计法，杜绝授意、指使、强令会计人员干其随心所欲的事。目前，一些企业老板为了追求自身短期利益最大化，指使、授权会计机构、会计人员做假账，伪造会计凭证，办理违法会计事项，从而使得会计工作受制于公司管理者，不能独立行使其监督职能，破坏了正常的会计工作。

了解会计知识

作为一个老板，你不必成为会计，但必须了解会计；你没必要对会计业务非常精通，但一定要了解一些基础知识，会计术语也许很晦涩，但都代表了特定的含义，都能准确简明地反映相关会计信息。这些会计概念和术语是了解和从事会计活动的通用语言，是老板阅读和理解财务信息的敲门砖。

第一节　会计工作概述

一、会计工作的对象

会计工作对象是指会计核算和监督的内容。凡是特定主体能够以货币表现的经济活动，都是会计核算和监督的内容，即会计对象。

以货币表现的经济活动，通常又称为价值运动或资金运动，但并不是所有活动都是会计的对象，必须是能以货币表现的生产经营活动才是会计的对象。

企业的资金运动通常表现为资金投入、资金运用（资金的循环和周转）和资金退出三个过程。

（1）资金的投入过程包括企业所有者（投资者）投入的资金和债权人投入的资金两部分，前者属于企业所有者权益，后者属于企业负债。

（2）资金的运用（资金的循环和周转）过程包括供应、生产和销售过程。

（3）资金退出过程包括偿还各项债务、上缴各项税金、向所有者分配利润、经法定程序减少注册资本等，这部分资金便离开本企业，退出本企业的资金循环与周转。

二、会计工作与其他经营环节的关系

企业会计工作的载体通常包括会计凭证、会计账簿和会计报表。记录公司经营活动的各类信息载体（如发票、工资单、生产运行记录等）是会计编制会计凭证的依据。企业经营活动进入会计工作过程、会计过程产生会计信息、会计信息被决策者在制订决策和采取经济行为时使用，决策者制订的决策和采取的经济行为又引起经济活动，这就形成了会计工作循环过程，具体如图2-1所示。

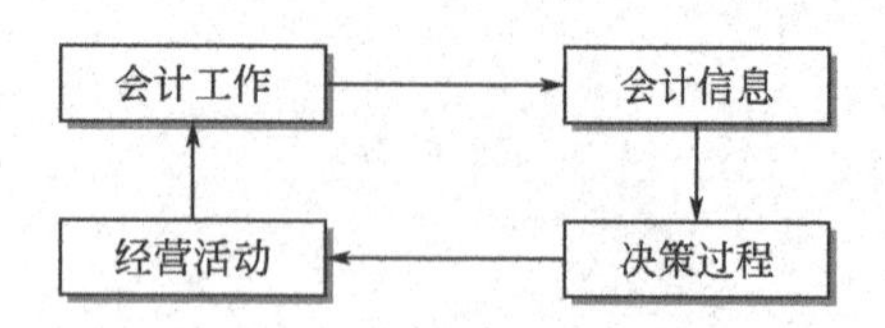

图2-1　会计工作与其他经营环节的关系

三、会计工作的结果

企业生产经营活动通过会计确认、会计计量、会计报告和会计分析等环节，形成会计工作的结果——财务会计报告和财务分析资料。

财务会计报告是反映企业财务状况和经营成果的书面文件。根据《会计法》第二十条的规定，财务会计报告主要内容包括会计报表、会计报表附注、财务情况说明书。

第二节　会计核算的基本要素

会计要素是会计核算对象的基本分类，是构成会计对象具体内容的主要因素。企业的经济业务十分复杂，要准确核算，必须将其进行分类处理。

一、会计六大要素

《企业会计准则——基本准则》将其分为包括资产、负债、所有者权益、收入、费用和利润共六类会计要素。资产、负债和所有者权益要素侧重于反映企业的财务状况，收入、费用和利润要素侧重于反映企业的经营成果。

（一）资产

资产是指企业拥有和控制的能够用货币计量，并能够给企业带来经济利益流入的经济资源。

资产按流动性可分为流动资产、长期资产。划分流动资产与长期资产的标准是1年。

注意以下3点。

（1）未来交易或事项可能形成的资产不能确认，如或有资产。

（2）企业对资产负债表中的资产并不都拥有所有权，如融资租入的固定资产。

（3）不能给企业带来未来经济利益的资产则不能作为资产加以确认，如已变质的存货应确认为费用损失。

（二）负债

负债是指过去的交易、事项形成的现时义务，履行该义务预期会导致经济利益流出企业。

注意以下2点。

（1）未来交易或事项可能产生的负债不能确认，但或有负债在符合条件时则应该确认。

（2）负债需要通过转移资产或提供劳务加以清偿，或者借新债还旧债。

负债的分类按流动性分为长期负债与流动负债，划分标准为1年，1年以上为长期负债，1年以下的为流动负债。

（三）所有者权益

所有者权益又称净资产，是指企业投资者享有的企业总资产减去总负债后的剩余权益。它的含义都是指企业投资人对企业的资产应该享有多少权益。在我国将所有者权益分为资本和留存收益，而资本包括实收资本和资本公积，留存收益则包括盈余公积和未分配利润。

注意以下2点。

（1）所有者权益是表明企业产权关系的会计要素。

（2）所有者权益与负债有着本质的不同，负债需要定期偿还，但所有者的投资则不能随便抽走。

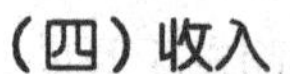

（四）收入

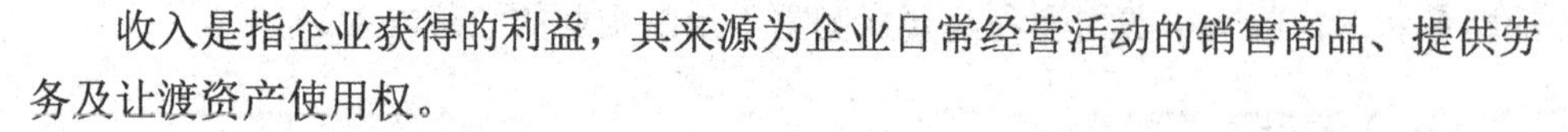

收入是指企业获得的利益，其来源为企业日常经营活动的销售商品、提供劳务及让渡资产使用权。

特点如下。

（1）收入是从企业的日常活动中产生的（不包括投资者投入和偶发事件产生收入，如政府的补贴、外单位的捐赠等）。

（2）收入要能表现为企业资产的增加或负债的减少。

（3）收入将引起企业投资者权益的增加。

（4）收入只包括本企业经济利益的流入，而不包括为第三方或客户代收的款项。

企业从事经常性活动实现的收入，称为“主营业务收入”；以经营活动相关的活动形成的收入称为“其他业务收入”，如销售原辅材料或包装物而形成的收入；不属于上述两种经营活动的其他活动形成的收入，称为“营业外收入”，如企业处置报废固定资产净收入、非流动资产处置利得、政府补助、盘盈利得、捐赠利得、非货币性资产交换利得、债务重组利得等。

（五）费用

费用是指企业日常生产经营过程中的各种耗费，包括营业成本（可以对象化，分为“主营业务成本”和“其他业务成本”）和期间费用（不可以对象化，分为管理费用、财务费用和销售费用），费用的特征如下。

（1）日常活动中产生（不包括偶发事件产生的损失——营业外支出）。

（2）表现为资产的减少或负债的增加。

（3）将引起投资者权益的减少。

注意以下3点。

（1）日常活动中产生（不包括偶发事件产生的损失——营业外支出）。

（2）费用和收入之间存在配比关系。

（3）费用中能够对象化的部分形成产品的制造成本，不能够对象化的部分则形成期间费用，所以，一项费用要么是产品成本，要么是期间费用。

（六）利润

利润是指企业在一定会计期间的经营成果。它是评价企业经营业绩的一项重要指标，也是财务报告使用者进行决策的重要指标。与利润相关的概念有营业利润、利润总额和净利润。公司通常绩效考核中的利润考核指标指的是利润总额。

营业利润=营业收入－营业成本－期间费用－营业税金及附加+投资收益

利润总额=营业利润+营业外收入－营业外支出

净利润=利润总额－所得税

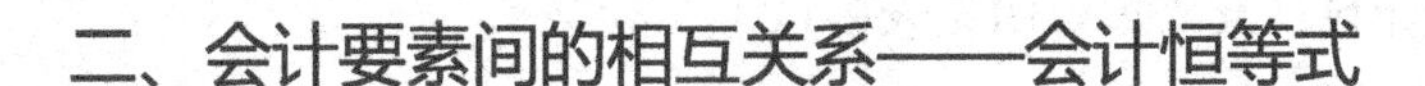

二、会计要素间的相互关系——会计恒等式

会计要素之间存在着特定的等量关系，这些等量关系构成了不同的会计等式，而会计等式又是会计报表的基础，正因为如此，所以有的学者又将会计要素称之为会计报表的要素。会计各要素之间的关系可以用以下3个等式来表示。

资产=负债+所有者权益（即：资金运用=资金来源）

收入－费用=利润（或亏损）

资产=负债+所有者权益（原）+（收入－费用）

第1个等式可以称之为静态等式，反映企业特定时点的财务状况；第2个等式可以称之为动态等式，反映企业一定时期的获利能力；第3个等式反映了在第1个等式和第2等式之间的辩证关系。

三、会计要素、会计科目和会计账户的关系

会计要素是对会计对象按经济性质所作的基本分类，是构成会计对象具体内容的主要因素。

会计科目是按照经济业务的内容和经济管理的要求，对会计要素的具体内容进行分类核算的科目，称为会计科目。会计科目按其所提供信息的详细程度及其统驭关系不同，又分为总分类科目和明细分类科目。

会计账户是根据会计科目开设的，具有一定结构，用来系统、连续地记载各项经济业务的一种手段。

会计科目和会计账户的联系在于会计科目是设置会计账户的依据，是会计账户的名称。会计账户是会计科目的具体运用，会计科目所反映的经济内容就是会计账户所要登记的内容。

第三节　会计科目

会计科目是按照经济业务的内容和经济管理的要求，对会计要素的具体内容进行分类核算的科目。

《企业会计准则》里的会计科目包括各行各业的，而《企业会计制度》简化很多，两者的科目名称略有差别。

企业一般使用《企业会计制度》，所以以下以《企业会计制度》的要求写。

一、资产类会计科目

企业资产类会计科目及核算说明见表2-1。

表2-1　资产类会计科目及核算说明

序号	科目名称	核算说明
1	库存现金	（1）本科目核算企业的库存现金，企业有内部周转使用备用金的，可以单独设置“备用金”科目 （2）企业应当设置“库存现金日记账”，由出纳人员根据收付款凭证，按照业务发生顺序逐笔登记，每日终了，应当计算当日的现金收入合计额、现金支出合计额和结余额，将结余额与实际库存额核对，做到账款相符 （3）有外币现金的企业，还应当分别按照人民币和外币进行明细核算
2	银行存款	（1）本科目核算企业存入银行或其他金融机构的各种款项 （2）企业应当按照开户银行和其他金融机构、存款种类等设置“银行存款日记账”，由出纳人员根据收付款凭证，按照业务的发生顺序逐笔登记，每日终了，应结出余额 （3）“银行存款日记账”应定期与“银行对账单”核对，至少每月核对一次，银行存款账面余额与银行对账单余额之间如有差额，应编制“银行存款余额调节表”调节相符 （4）有外币银行存款的企业，还应当分别按照人民币和外币进行明细核算
3	其他货币资金	（1）核算企业的银行汇票存款、银行本票存款、信用卡存款、信用证保证金存款、外埠存款、备用金等其他货币资金 （2）应按照银行汇票或本票、信用卡发放银行、信用证的收款单位，外埠存款的开户银行，分别按“银行汇票”、“银行本票”、“信用卡”、“信用证保证金”、“外埠存款”等进行明细核算

续表

序号	科目名称	核算说明
4	短期投资	（1）核算企业购入的能随时变现并且持有时间不准备超过1年（含1年，下同）的投资 （2）应按照股票、债券、基金等短期投资种类进行明细核算
5	应收票据	（1）核算企业因销售商品（产成品或材料，下同）、提供劳务等日常生产经营活动而收到的商业汇票（银行承兑汇票和商业承兑汇票） （2）应按照开出、承兑商业汇票的单位进行明细核算 （3）企业应当设置“应收票据备查簿”，逐笔登记商业汇票的种类、号数和出票日、票面金额、交易合同号和付款人、承兑人、背书人的姓名或单位名称、到期日、背书转让日、贴现日、贴现率和贴现净额以及收款日期和收回金额、退票情况等资料，商业汇票到期结清票款或退票后，在备查簿中应予以注销
6	应收账款	（1）核算企业因销售商品、提供劳务等日常生产经营活动应收取的款项 （2）应按照对方单位（或个人）进行明细核算
7	预付账款	（1）核算企业按照合同规定预付的款项包括：根据合同规定预付的购货款、租金、工程款等；预付款项情况不多的企业，也可以不设置本科目，将预付的款项直接记入“应付账款”科目借方，企业进行在建工程预付的工程价款，也通过本科目核算 （2）应按照对方单位（或个人）进行明细核算
8	应收股利	（1）核算企业应收取的现金股利或利润 （2）应按照被投资单位进行明细核算
9	应收利息	（1）核算企业债券投资应收取的利息 （2）购入的一次还本付息债券投资持有期间的利息收入，在“长期债券投资”科目核算，不在本科目核算 （3）应按照被投资单位进行明细核算
10	其他应收款	（1）核算企业除应收票据、应收账款、预付账款、应收股利、应收利息等以外的其他各种应收及暂付款项，包括各种应收的赔款、应向职工收取的各种垫付款项等。企业出口产品或商品按照税法规定应予退回的增值税款，也通过本科目核算 （2）应按照对方单位（或个人）进行明细核算
11	材料采购	（1）核算企业采用计划成本进行材料日常核算、购入材料的采购成本 （2）采用实际成本进行材料日常核算的，购入材料的采购成本，在“在途物资”科目核算 （3）委托外单位加工材料、商品的加工成本，在“委托加工物资”科目核算 （4）应按照供应单位和材料品种进行明细核算
12	在途物资	（1）核算企业采用实际成本进行材料、商品等物资的日常核算、尚未到达或尚未验收入库的各种物资的实际采购成本 （2）企业（批发业、零售业）在购买商品过程中发生的费用（如运输费、装卸费、包装费、保险费、运输途中的合理损耗和入库前的挑选整理费等），在“销售费用”科目核算，不在本科目核算 （3）应按照供应单位和物资品种进行明细核算

续表

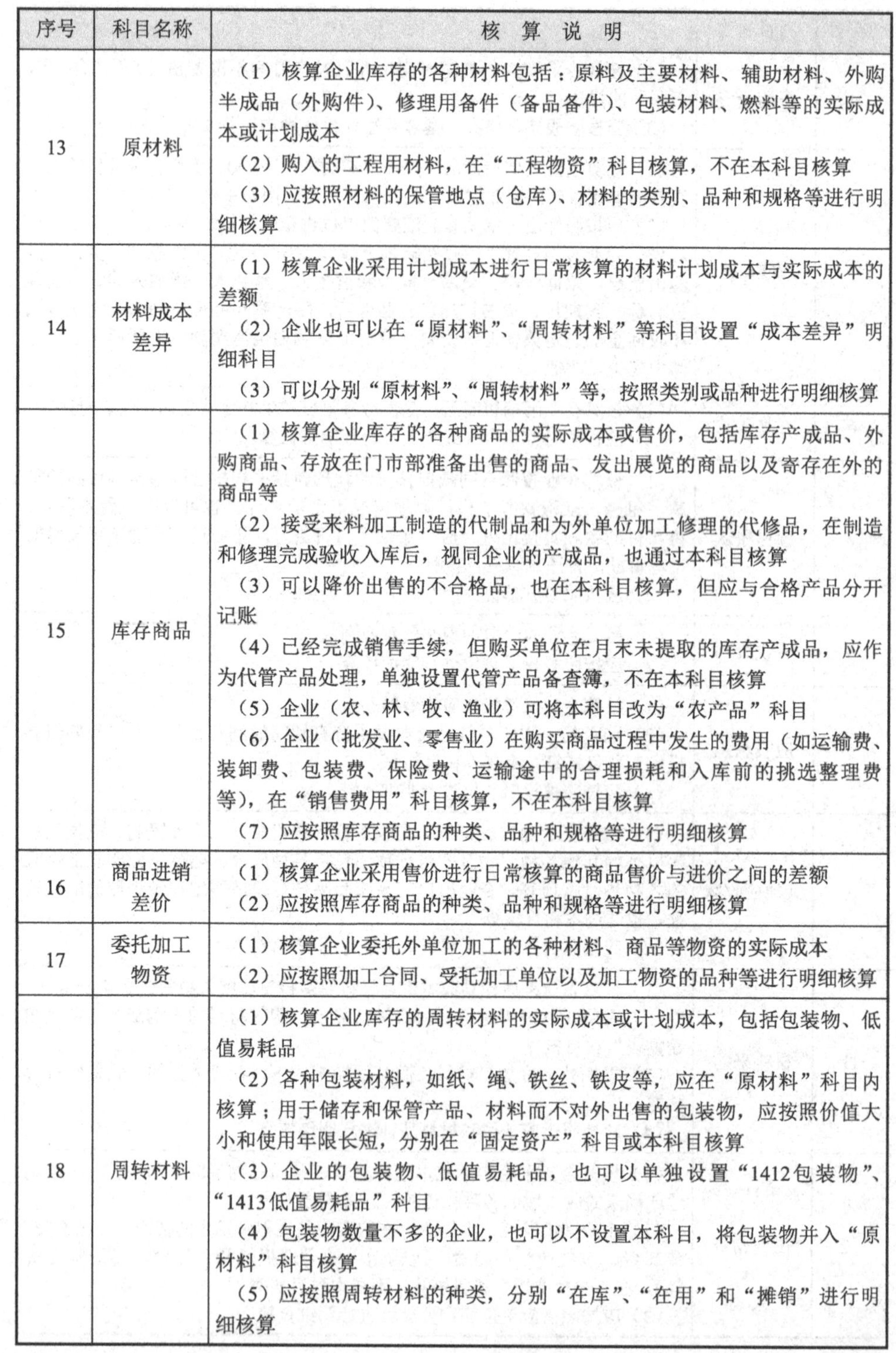

序号	科目名称	核算说明
13	原材料	（1）核算企业库存的各种材料包括：原料及主要材料、辅助材料、外购半成品（外购件）、修理用备件（备品备件）、包装材料、燃料等的实际成本或计划成本 （2）购入的工程用材料，在“工程物资”科目核算，不在本科目核算 （3）应按照材料的保管地点（仓库）、材料的类别、品种和规格等进行明细核算
14	材料成本差异	（1）核算企业采用计划成本进行日常核算的材料计划成本与实际成本的差额 （2）企业也可以在“原材料”、“周转材料”等科目设置“成本差异”明细科目 （3）可以分别“原材料”、“周转材料”等，按照类别或品种进行明细核算
15	库存商品	（1）核算企业库存的各种商品的实际成本或售价，包括库存产成品、外购商品、存放在门市部准备出售的商品、发出展览的商品以及寄存在外的商品等 （2）接受来料加工制造的代制品和为外单位加工修理的代修品，在制造和修理完成验收入库后，视同企业的产成品，也通过本科目核算 （3）可以降价出售的不合格品，也在本科目核算，但应与合格产品分开记账 （4）已经完成销售手续，但购买单位在月末未提取的库存产成品，应作为代管产品处理，单独设置代管产品备查簿，不在本科目核算 （5）企业（农、林、牧、渔业）可将本科目改为“农产品”科目 （6）企业（批发业、零售业）在购买商品过程中发生的费用（如运输费、装卸费、包装费、保险费、运输途中的合理损耗和入库前的挑选整理费等），在“销售费用”科目核算，不在本科目核算 （7）应按照库存商品的种类、品种和规格等进行明细核算
16	商品进销差价	（1）核算企业采用售价进行日常核算的商品售价与进价之间的差额 （2）应按照库存商品的种类、品种和规格等进行明细核算
17	委托加工物资	（1）核算企业委托外单位加工的各种材料、商品等物资的实际成本 （2）应按照加工合同、受托加工单位以及加工物资的品种等进行明细核算
18	周转材料	（1）核算企业库存的周转材料的实际成本或计划成本，包括包装物、低值易耗品 （2）各种包装材料，如纸、绳、铁丝、铁皮等，应在“原材料”科目内核算；用于储存和保管产品、材料而不对外出售的包装物，应按照价值大小和使用年限长短，分别在“固定资产”科目或本科目核算 （3）企业的包装物、低值易耗品，也可以单独设置“1412包装物”、“1413低值易耗品”科目 （4）包装物数量不多的企业，也可以不设置本科目，将包装物并入“原材料”科目核算 （5）应按照周转材料的种类，分别“在库”、“在用”和“摊销”进行明细核算

续表

序号	科目名称	核 算 说 明
19	消耗性生物资产	（1）核算企业（农、林、牧、渔业）持有的消耗性生物资产的实际成本 （2）应按照消耗性生物资产的种类、群别等进行明细核算
20	长期债券投资	（1）核算企业准备长期（在1年以上，下同）持有的债券投资 （2）应按照债券种类和被投资单位，分别“面值”、“溢折价”、“应计利息”进行明细核算
21	长期股权投资	（1）核算企业准备长期持有的权益性投资 （2）应按照被投资单位进行明细核算
22	固定资产	（1）核算企业固定资产的原价（成本） （2）企业应当根据《企业会计准则》规定的固定资产标准，结合本企业的具体情况，制订固定资产目录，作为核算依据 （3）企业购置计算机硬件所附带的、未单独计价的软件，也通过本科目核算 （4）企业临时租入的固定资产和以经营租赁租入的固定资产，应另设备查簿进行登记，不在本科目核算 （5）应按照固定资产类别和项目进行明细核算 （6）企业根据实际情况设置“固定资产登记簿”和“固定资产卡片”
23	累计折旧	（1）核算企业固定资产的累计折旧 （2）可以进行总分类核算，也可以进行明细核算 （3）需要查明某项固定资产的已计提折旧，可以根据“固定资产卡片”上所记载的该项固定资产原价、折旧率和实际使用年数等资料进行计算
24	在建工程	（1）核算企业需要安装的固定资产、固定资产新建工程、改扩建等所发生的成本 （2）企业购入不需要安装的固定资产，在“固定资产”科目核算，不在本科目核算 （3）企业已提足折旧的固定资产的改建支出和经营租入固定资产的改建支出，在“长期待摊费用”科目核算，不在本科目核算 （4）应按照在建工程项目进行明细核算
25	工程物资	（1）核算企业为在建工程准备的各种物资的成本，包括工程用材料、尚未安装的设备以及为生产准备的工器具等 （2）应按照“专用材料”、“专用设备”、“工器具”等进行明细核算
26	固定资产清理	（1）核算企业因出售、报废、毁损、对外投资等原因处置固定资产所转出的固定资产账面价值以及在清理过程中发生的费用等 （2）应按照被清理的固定资产项目进行明细核算
27	生产性生物资产	（1）核算企业（农、林、牧、渔业）持有的生产性生物资产的原价（成本） （2）应按照“未成熟生产性生物资产”和“成熟生产性生物资产”，分别按生物资产的种类、群别等进行明细核算

续表

序号	科目名称	核 算 说 明
28	生产性生物资产累计折旧	（1）核算企业（农、林、牧、渔业）成熟生产性生物资产的累计折旧 （2）应按照生产性生物资产的种类、群别等进行明细核算
29	无形资产	（1）核算企业持有的无形资产成本 （2）应按照无形资产项目进行明细核算
30	累计摊销	（1）核算企业对无形资产计提的累计摊销 （2）应按照无形资产项目进行明细核算
31	长期待摊费用	（1）核算企业已提足折旧的固定资产的改建支出、经营租入固定资产的改建支出、固定资产的大修理支出和其他长期待摊费用等 （2）应按照支出项目进行明细核算
32	待处理财产损溢	（1）核算企业在清查财产过程中查明的各种财产盘盈、盘亏和毁损的价值 （2）所采购物资在运输途中因自然灾害等发生的损失或尚待查明的损耗，也通过本科目核算 （3）应按照待处理流动资产损溢和待处理非流动资产损溢进行明细核算

二、负债类会计科目

企业负债类会计科目及核算说明见表2-2。

表2-2 负债类会计科目及核算说明

序号	科目名称	核 算 说 明
1	短期借款	（1）核算企业向银行或其他金融机构等借入的期限在1年内的各种借款 （2）应按照借款种类、贷款人和币种进行明细核算
2	应付票据	（1）核算企业因购买材料、商品和接受劳务等日常生产经营活动开出、承兑的商业汇票（银行承兑汇票和商业承兑汇票） （2）应按照债权人进行明细核算 （3）企业应当设置“应付票据备查簿”，详细登记商业汇票的种类、号数和出票日期、到期日、票面金额、交易合同号和收款人姓名或单位名称以及付款日期和金额等资料，商业汇票到期结清票款后，在备查簿中应予注销
3	应付账款	（1）核算企业因购买材料、商品和接受劳务等日常生产经营活动应支付的款项 （2）应按照对方单位（或个人）进行明细核算
4	预收账款	（1）核算企业按照合同规定预收的款项，包括预收的购货款、工程款等 （2）预收账款情况不多的，也可以不设置本科目，将预收的款项直接记入“应收账款”科目贷方 （3）应按照对方单位（或个人）进行明细核算

续表

序号	科目名称	核算说明
5	应付职工薪酬	（1）核算企业根据有关规定应付给职工的各种薪酬 （2）企业（外商投资）按照规定从净利润中提取的职工奖励及福利基金，也通过本科目核算 （3）应按照“职工工资”、“奖金、津贴和补贴”、“职工福利费”、“社会保险费”、“住房公积金”、“工会经费”、“职工教育经费”、“非货币性福利”、“辞退福利”等进行明细核算
6	应交税费	（1）核算企业按照税法等规定计算应缴纳的各种税费，包括增值税、消费税、营业税、城市维护建设税、企业所得税、资源税、土地增值税、城镇土地使用税、房产税、车船税和教育费附加、矿产资源补偿费、排污费等 （2）企业代扣代缴的个人所得税等，也通过本科目核算 （3）应按照应缴的税费项目进行明细核算 （4）应缴增值税还应当分别“进项税额”、“销项税额”、“出口退税”、“进项税额转出”、“已缴税金”等设置专栏 （5）小规模纳税人只需设置“应交增值税”明细科目，不需要在“应缴增值税”明细科目中设置上述专栏
7	应付利息	（1）核算企业按照合同约定应支付的利息费用 （2）应按照贷款人等进行明细核算
8	应付利润	（1）核算企业向投资者分配的利润 （2）应按照投资者进行明细核算
9	其他应付款	（1）核算企业除应付账款、预收账款、应付职工薪酬、应缴税费、应付利息、应付利润等以外的其他各项应付、暂收的款项，如应付租入固定资产和包装物的租金、存入保证金等 （2）应按照其他应付款的项目和对方单位（或个人）进行明细核算
10	递延收益	（1）核算企业已经收到、应在以后期间计入损益的政府补助 （2）应按照相关项目进行明细核算
11	长期借款	（1）核算企业向银行或其他金融机构借入的期限在1年以上的各项借款本金 （2）应按照借款种类、贷款人和币种进行明细核算
12	长期应付款	（1）核算企业除长期借款以外的其他各种长期应付款项，包括应付融资租入固定资产的租赁费、以分期付款方式购入固定资产发生的应付款项等 （2）应按照长期应付款的种类和债权人进行明细核算

三、所有者权益类会计科目

企业所有者权益类会计科目及核算说明见表2-3。

表2-3　所有者权益类会计科目及核算说明

序号	科目名称	核 算 说 明
1	实收资本	（1）核算企业收到投资者按照合同协议约定或相关规定投入的、构成注册资本的部分 （2）企业（股份有限公司）应当将本科目的名称改为“3001股本”科目 （3）企业收到投资者出资超过其在注册资本中所占份额的部分，作为资本溢价，在“资本公积”科目核算，不在本科目核算 （4）应按照投资者进行明细核算 （5）企业（中外合作经营）根据合同规定在合作期间归还投资者的投资，应在本科目设置“已归还投资”明细科目进行核算
2	资本公积	核算企业收到投资者出资超出其在注册资本中所占份额的部分
3	盈余公积	（1）核算企业（公司制）按照公司法规定在税后利润中提取的法定盈余公积和任意盈余公积 （2）企业（外商投资）按照法律规定在税后利润中提取储备基金和企业发展基金也在本科目核算 （3）应当分别“法定盈余公积”、“任意盈余公积”进行明细核算 （4）企业（外商投资）还应当分别“储备基金”、“企业发展基金”进行明细核算 （5）企业（中外合作经营）根据合同规定在合作期间归还投资者的投资，应在本科目设置“利润归还投资”明细科目进行核算
4	本年利润	核算企业当期实现的净利润（或发生的净亏损）
5	利润分配	（1）核算企业利润的分配（或亏损的弥补）和历年分配（或弥补）后的余额 （2）应按照“应付利润”、“未分配利润”等进行明细核算

四、成本类会计科目

企业成本类会计科目及核算说明见表2-4。

表2-4　成本类会计科目及核算说明

序号	科目名称	核 算 说 明
1	生产成本	（1）核算企业进行工业性生产发生的各项生产成本，包括生产各种产品（产成品、自制半成品等）、自制材料、自制工具、自制设备等 （2）企业对外提供劳务发生的成本，可将本科目改为“4001劳务成本”科目，或单独设置“4002劳务成本”科目进行核算 （3）可按照基本生产成本和辅助生产成本进行明细核算
2	制造费用	（1）核算企业生产车间（部门）为生产产品和提供劳务而发生的各项间接费用 （2）企业经过1年期以上的制造才能达到预定可销售状态的产品发生的借款费用，也在本科目核算 （3）企业行政管理部门为组织和管理生产经营活动而发生的管理费用，在“管理费用”科目核算，不在本科目核算 （4）应按照不同的生产车间、部门和费用项目进行明细核算

续表

序号	科目名称	核算说明
3	研发支出	（1）核算企业进行研究与开发无形资产过程中发生的各项支出 （2）应按照研究开发项目，分别“费用化支出”、“资本化支出”进行明细核算
4	工程施工	（1）核算企业（建筑业）实际发生的各种工程成本 （2）应按照建造合同项目分别“合同成本”和“间接费用”进行明细核算
5	机械作业	（1）核算企业（建筑业）及其内部独立核算的施工单位、机械站和运输队使用自有施工机械和运输设备进行机械作业（含机械化施工和运输作业等）所发生的各项费用 （2）企业及其内部独立核算的施工单位，从外单位或本企业其他内部独立核算的机械站租入施工机械发生的机械租赁费，在“工程施工”科目核算，不在本科目核算 （3）应按照施工机械或运输设备的种类等进行明细核算 （4）企业内部独立核算的机械施工、运输单位使用自有施工机械或运输设备进行机械作业所发生的各项费用，应按照成本核算对象和成本项目进行归集 （5）成本项目一般分为：职工薪酬、燃料及动力费、折旧及修理费、其他直接费用、间接费用（为组织和管理机械作业生产所发生的费用）

五、损益类会计科目

企业损益类会计科目及核算说明见表2-5。

表2-5　损益类会计科目及核算说明

序号	科目名称	核算说明
1	主营业务收入	（1）核算企业确认的销售商品或提供劳务等主营业务的收入 （2）应按照主营业务的种类进行明细核算
2	其他业务收入	（1）核算企业确认的除主营业务活动以外的其他日常生产经营活动实现的收入，包括出租固定资产、出租无形资产、销售材料等实现的收入 （2）应按照其他业务收入种类进行明细核算
3	投资收益	（1）核算企业确认的投资收益或投资损失 （2）应按照投资项目进行明细核算
4	营业外收入	（1）核算企业实现的各项营业外收入，包括非流动资产处置净收益、政府补助、捐赠收益、盘盈收益、汇兑收益、出租包装物和商品的租金收入、逾期未退包装物押金收益、确实无法偿付的应付款项、已作坏账损失处理后又收回的应收款项、违约金收益等 （2）企业收到出口产品或商品按照规定退回的增值税款，在“其他应收款”科目核算，不在本科目核算 （3）应按照营业外收入项目进行明细核算

续表

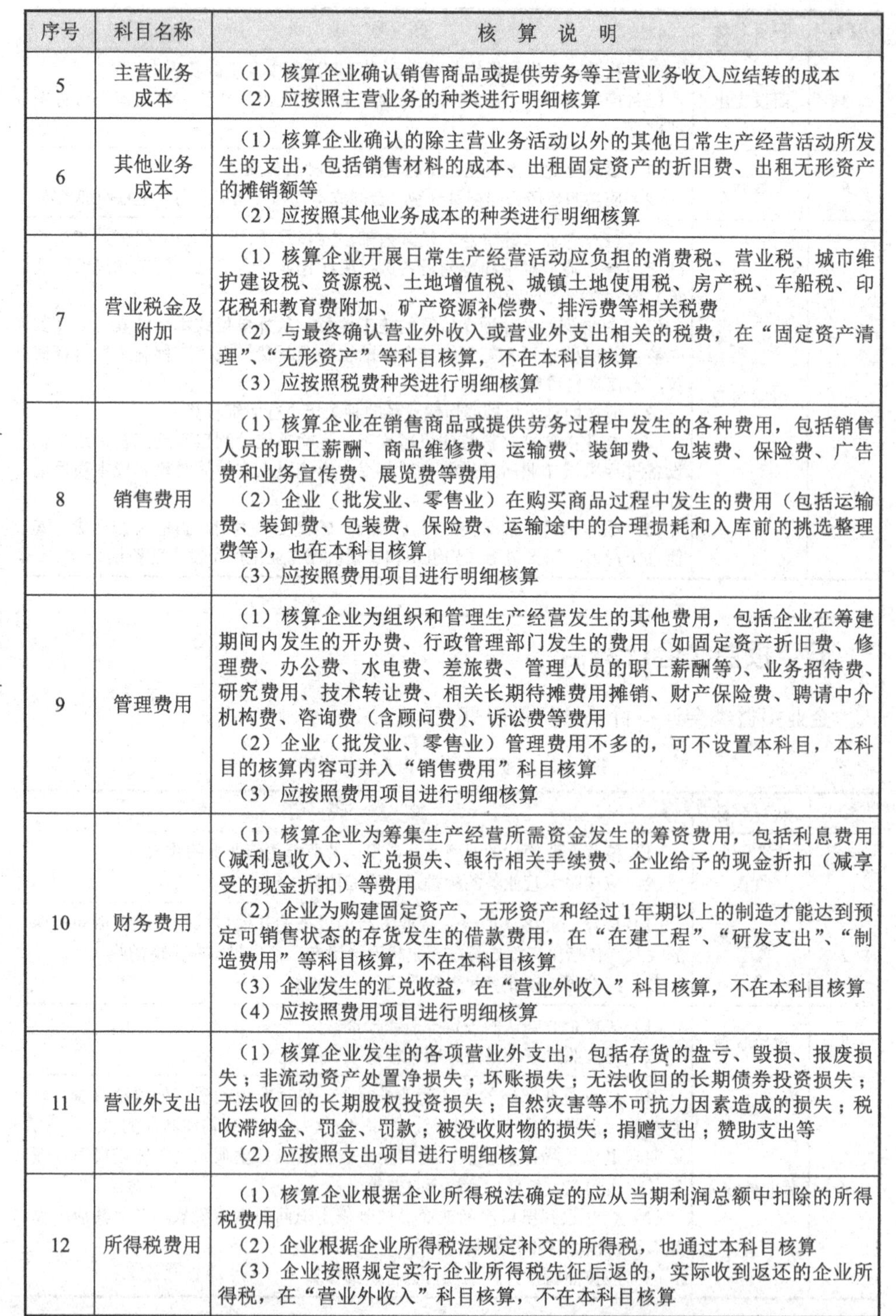

序号	科目名称	核 算 说 明
5	主营业务成本	（1）核算企业确认销售商品或提供劳务等主营业务收入应结转的成本 （2）应按照主营业务的种类进行明细核算
6	其他业务成本	（1）核算企业确认的除主营业务活动以外的其他日常生产经营活动所发生的支出，包括销售材料的成本、出租固定资产的折旧费、出租无形资产的摊销额等 （2）应按照其他业务成本的种类进行明细核算
7	营业税金及附加	（1）核算企业开展日常生产经营活动应负担的消费税、营业税、城市维护建设税、资源税、土地增值税、城镇土地使用税、房产税、车船税、印花税和教育费附加、矿产资源补偿费、排污费等相关税费 （2）与最终确认营业外收入或营业外支出相关的税费，在“固定资产清理”、“无形资产”等科目核算，不在本科目核算 （3）应按照税费种类进行明细核算
8	销售费用	（1）核算企业在销售商品或提供劳务过程中发生的各种费用，包括销售人员的职工薪酬、商品维修费、运输费、装卸费、包装费、保险费、广告费和业务宣传费、展览费等费用 （2）企业（批发业、零售业）在购买商品过程中发生的费用（包括运输费、装卸费、包装费、保险费、运输途中的合理损耗和入库前的挑选整理费等），也在本科目核算 （3）应按照费用项目进行明细核算
9	管理费用	（1）核算企业为组织和管理生产经营发生的其他费用，包括企业在筹建期间内发生的开办费、行政管理部门发生的费用（如固定资产折旧费、修理费、办公费、水电费、差旅费、管理人员的职工薪酬等）、业务招待费、研究费用、技术转让费、相关长期待摊费用摊销、财产保险费、聘请中介机构费、咨询费（含顾问费）、诉讼费等费用 （2）企业（批发业、零售业）管理费用不多的，可不设置本科目，本科目的核算内容可并入“销售费用”科目核算 （3）应按照费用项目进行明细核算
10	财务费用	（1）核算企业为筹集生产经营所需资金发生的筹资费用，包括利息费用（减利息收入）、汇兑损失、银行相关手续费、企业给予的现金折扣（减享受的现金折扣）等费用 （2）企业为购建固定资产、无形资产和经过1年期以上的制造才能达到预定可销售状态的存货发生的借款费用，在“在建工程”、“研发支出”、“制造费用”等科目核算，不在本科目核算 （3）企业发生的汇兑收益，在“营业外收入”科目核算，不在本科目核算 （4）应按照费用项目进行明细核算
11	营业外支出	（1）核算企业发生的各项营业外支出，包括存货的盘亏、毁损、报废损失；非流动资产处置净损失；坏账损失；无法收回的长期债券投资损失；无法收回的长期股权投资损失；自然灾害等不可抗力因素造成的损失；税收滞纳金、罚金、罚款；被没收财物的损失；捐赠支出；赞助支出等 （2）应按照支出项目进行明细核算
12	所得税费用	（1）核算企业根据企业所得税法确定的应从当期利润总额中扣除的所得税费用 （2）企业根据企业所得税法规定补交的所得税，也通过本科目核算 （3）企业按照规定实行企业所得税先征后返的，实际收到返还的企业所得税，在“营业外收入”科目核算，不在本科目核算

第四节　会计凭证

会计凭证是记录经济业务、明确经济责任、按一定格式编制的据以登记会计账簿的书面证明。会计凭证按其编制程序和用途的不同，分为原始凭证和记账凭证。

一、原始凭证

会计接到第一手票据，如收到的银行存款单据，收到报销的费用发票，收到的借据或者欠据，工资单、入库单、出库单等，这些都叫原始凭证。

原始凭证按来源分为外来原始凭证和自制原始凭证，原始凭证按填制手续分为一次凭证和累计凭证。

（一）取得原始凭证的要求

出纳员接触的原始凭证都与资金收付有关，直接涉及物质利益，因此对外部原始凭证的取得有着以下严格的要求。

（1）支付外单位款项时，其原始凭证必须盖有收款单位的财务专用章或发票专用章。

（2）支付个人款项时，必须有收款人的签字，特殊情况下还应附有收款人证件复印件。

（3）取得外部原始凭证时，必须有相关经办人签字，保证业务内容真实、合法、完整、准确。

（4）遗失外部原始凭证时，应取得原开具单位盖有财务专用章的证明，并注明原来凭证的号码、金额和内容等，另注明“此为补开单据，注意重付”字样，经单位负责人审批后，代作原始凭证。

（5）遗失外部原始凭证无法证明的，如火车票、机票等，由经办人写明具体情况，由单位负责人审批后，代作原始凭证。

（6）发生销售退回时，除按规定开具红字发票外，退款时必须取得对方的收款收据或汇款证明作为原始凭证，不得以红字发票代替。

（7）原始凭证需要单独保存或另有用途的，如有关押金、收据、合同等，应在原始凭证复制件上加以注明。

（二）原始凭证的填制要求

1.真实可靠、手续完备

原始凭证上记载的经济业务，必须与实际情况相符，如实记录经济业务的真实情况，绝不允许有任何歪曲或弄虚作假的情况。每张凭证上填列的日期、业务内容、数量、单价、金额等应当真实可靠，这样才能保证会计信息的客观真实性。

从外单位取得的原始凭证，必须有填制单位的公章（或专用章）；从个人处取得的原始凭证必须有填制人签名或盖章。自制原始凭证，必须有部门负责人和经办人员的签名或盖章；对外开出的原始凭证，必须加盖本单位的公章或有关部门的专用章。

2.内容完整、书写清楚

（1）严格按规定的格式或内容逐项填写经济业务的完成情况。

（2）凭证上的文字，用正楷字或行书书写，字迹要工整、清晰，易于辨认，不使用未经国务院颁布的简化字。

（3）一式几联的凭证，必须用双面复写纸套写（发票和收据本身具备复写功能的除外），单页凭证必须用钢笔填写。

（4）凭证填写发生错误，应按规定的方法更正，不得任意涂改或刮、挖、擦、补，现金和银行存款等收付凭证填写错误，不能在凭证上更正，应按规定的手续注销留存，另行重新填写。

3.数字填写必须准确无误并按规定书写

原始凭证上的数字填写必须清晰、正确，易于辨认。金额前要写明货币符号，如人民币用“¥”表示，港币用“HK＄”表示，美元用“US＄”表示等。

4.连续编号、及时填制

各种凭证都必须连续编号，以备查考。一些事先印好编号的重要凭证作废时，在作废的凭证上应加盖“作废”戳记，连同存根一起保存，不得随意撕毁。所有经办业务的有关部门和人员，在经济业务实际发生或完成时，必须及时将原始凭证送交会计部门。

（三）原始凭证的审核

1.真实性审核

审核原始凭证，首先是审核其真实性，看它是否真实。如果不是真实的，就谈不上合法性、合理性和完整性审核了。所谓真实，就是说原始凭证上反映的应当是经济业务的本来面目，不得掩盖、歪曲和颠倒真实情况。真实性主要表现在见表2-6所列的4个方面。

表2-6　原始凭证真实性审核

序号	真实的表现	要　求
1	经济业务双方当事单位和当事人必须是真实的	开出原始凭证的单位、接受原始凭证的单位、填制原始凭证的责任人、取得原始凭证的责任人都要据实填写，不得冒充他人、他单位之名，也不得填写假名
2	经济业务发生的时间、地点、填制凭证的日期必须是真实的	不得把经济业务发生的真实时间改变为以前或以后的时间；不得把在甲地发生的经济业务改变成在乙地发生，也不得把填制原始凭证的真实日期改变为以前或以后的日期
3	经济业务的内容必须是真实的	是购货业务，必须标明货物的名称、规格、型号等；是住宿业务，就要标明住宿的日期；是乘坐交通工具业务，就得标明交通工具种类和起止地点；是就餐业务，必须标明就餐，不得把购物写成就餐，把就餐写成住宿；是劳动报酬支付，就应该附有考勤记录和工资标准等
4	经济业务的“量”必须是真实的	购买货物业务，要标明货物的重量、长度、体积、数量；其他经济业务也要标明计价所使用的量，最后也是最关键的一点，就是单价、金额必须是真实的，不得在原始凭证填写时抬高或压低单价，多开或少开金额

2. 合法性审核

合法性审核是审核原始凭证所记载的经济业务是否符合有关财经纪律、法规、制度等的规定，有无违法乱纪行为，若有，应予揭露和制止。根据《会计法》的规定，对不真实、不合法的原始凭证，有权不予接受，并向单位负责人报告。

3. 合理性审核

合理性审核是审核经济业务的发生是否符合本单位事先制订的计划、预算等的要求，有无不讲经济效益、脱离目标的现象，是否符合费用开支标准，有无铺张浪费的行为。

4. 完整性审核

完整性审核是指审核原始凭证是否将有关内容填写齐全，各项目是否按要求填写。

（1）原始凭证的各构成要素是否齐全。

（2）各要素内容的填制是否正确、完整、清晰，特别是对凭证中所记录的数量、金额的正确性要进行认真审核，检查金额计算有无差错、大小写金额是否一致等。

（3）各经办单位和人员签章是否齐全。根据《会计法》的规定，对记载不准确、不完整的原始凭证应予以退回，并要求按照国家统一的会计制度的规定更正、补充。

二、记账凭证

根据原始凭证处理业务使用的凭证，叫记账凭证。

（一）记账凭证的分类

记账凭证按其反映的经济内容不同，可分为收款凭证、付款凭证和转账凭证，具体如图2-2所示。

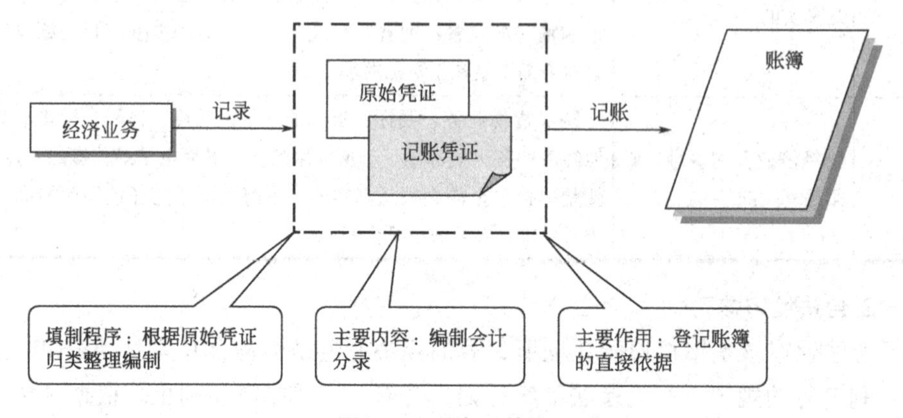

图2-2　记账凭证的说明

（二）记账凭证的内容

记账凭证必须具备以下内容。

（1）填制单位的名称。

（2）记账凭证的名称。

（3）记账凭证的编号。

（4）编制凭证的日期。

（5）经济业务的内容摘要。

（6）会计科目（包括一级、二级和三级明细科目）的名称、金额。

（7）所附原始凭证的张数。

（8）填证、审核、记账、会计主管等有关人员的签章，收款凭证和付款凭证还应由出纳员签名或盖章。

记账凭证的填写说明如图2-3所示。

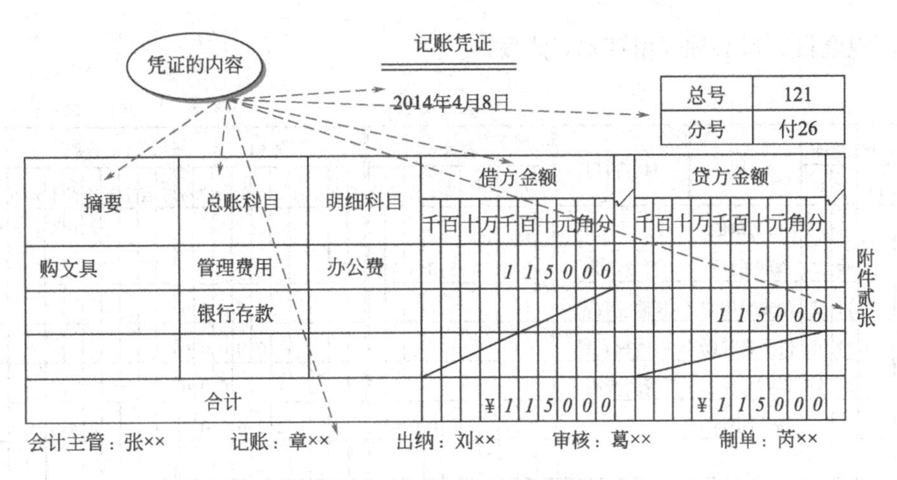

图2-3 记账凭证的内容说明

（三）记账凭证的审核

为了保证账簿记录的准确性，记账前必须对已编制的记账凭证由专人进行认真、严格的审核。审核的内容主要是以下4个方面。

（1）按原始凭证审核的要求，对所附的原始凭证进行复核。

（2）记账凭证所附的原始凭证是否齐全、是否同所附原始凭证的内容相符、金额是否一致等。对一些需要单独保管的原始凭证和文件，应在凭证上加注说明。

（3）凭证中会计科目使用是否准确；应借、应贷的金额是否一致。账户的对应关系是否清晰；核算的内容是否符合会计制度的规定等。

（4）记账凭证所需要填写的项目是否齐全、有关人员是否都已签章等。

第五节　会计账簿

会计账簿简称账簿，是由具有一定格式、相互联系的账页所组成，用来序时、分类地全面记录一个企业、单位经济业务事项的会计簿籍。

一、现金日记账

现金日记账（Cash Journal）是用来逐日反映库存现金的收入、付出及结余情况的特种日记账（如图2-4所示）。它是由单位出纳人员根据审核无误的现金收、付款凭证和从银行提现的银付凭证逐笔进行登记的。为了确保账簿的安全、完整，现金日记账必须采用订本式账簿。

20××年度　　　　　　　　　　第1页

××年		凭证		摘要	对方科目	收入										支出										金额									
月	日	字	号			千	百	十	万	千	百	十	元	角	分	千	百	十	万	千	百	十	元	角	分	千	百	十	万	千	百	十	元	角	分
4	1			月初余额																										4	0	0	0	0	0
	2	收	2	零售收现	主营业务收入						8	0	0	0	0																				
		付	3	预支差旅费	其他应收款																4	0	0	0	0										
		付	4	付困难补助	应付福利费																6	0	0	0	0										
		付	11	购办公品	管理费用															1	3	6	0	0	0										
4	2			本日小计							8	0	0	0	0					2	3	6	0	0	0					2	4	4	0	0	0
				……	……																														
				本月合计					2	2	6	8	0	0	0				1	2	0	8	0	0	0				1	4	6	0	0	0	0

图2-4　现金日记账

一般企业只设1本现金日记账，但如有外币业务，则应就不同的币种分设现金日记账。

二、银行存款日记账

银行存款日记账是专门用来记录银行存款收支业务的一种特种日记账。

企业一般应根据每个银行账号单独设立一本账。如企业只设了基本账户，则设一本银行存款日记账。

银行存款日记账必须采用订本式账簿，其账页格式一般采用“收入”（借方）、“支出”（贷方）和“余额”三栏式（如图2-5所示）。

年		凭证编号	结算方式		摘要	借方										✓	贷方										✓	余额									
月	日		类	号码		千	百	十	万	千	百	十	元	角	分		千	百	十	万	千	百	十	元	角	分		千	百	十	万	千	百	十	元	角	分

图2-5　银行存款日记账

银行存款日记账通常也是由出纳员根据审核后的有关银行存款收、付款凭证，逐日逐笔顺序登记的。登记银行存款日记账的要求是：银行存款日记账由出纳人员专门负责登记，登记时必须做到反映经济业务的内容完整，登记账目及时，凭证齐全，账证相符，数字真实、准确，书写工整，摘要清楚明了，便于查阅，不重记、不漏记、不错记，按期结算，不拖延积压，按规定方法更正错账，从而使账目既能明确经济责任，又清晰美观。

三、总分类账

总分类账简称总账，是根据总分类科目开设账户，用来登记全部经济业务，进行总分类核算，提供总括核算资料的分类账簿。总分类账所提供的核算资料，是编制会计报表的主要依据，任何单位都必须设置总分类账。

总分类账一般采用订本式账簿。总分类账的账页格式，一般采用“借方”、“贷方”、“余额”三栏式，根据实际需要，也可以在“借方”、“贷方”两栏内增设“对方科目”栏。

一般企业只设一本总分类账。外形使用订本账，根据单位业务量大小，企业可以选择购买100页或200页的。总分类账包含企业所设置的全部账户的总括信息。总分类账的格式有四类，分别见表2-7～表2-10。

表2-7　总分类账

总第____页
分第____页
会计科目或编号______

年		凭证		摘要	借方									√	贷方									√	借或贷	余额									√
月	日	字	号		千	百	十	万	千	百	十	元	角	分		千	百	十	万	千	百	十	元	角	分			千	百	十	万	千	百	十	元	角	分	

表2-8　总分类账

账户名称：　　　　　　　　　　　　第　页

年		凭证		摘　要	借方金额	贷方金额	借或贷	余　额
月	日	字	号					

表2-9 总分类账

账户名称： 年 月 第 页

年		凭证		摘 要	借方金额	贷方金额
月	日	字	号			

表2-10 总分类账

年 月 第 页

借方 / 贷方		甲科目	乙科目	……	……	……	贷方余额
甲科目							
乙科目							
……							
……							
借方发生额							
贷方发生额							
月初余额	借方						
	贷方						
月末余额	借方						
	贷方						

四、明细分类账

明细分类账是按照明细科目开设的用来分类登记某一类经济业务，提供明细核算资料的分类账户。明细账的格式应根据各单位经营业务的特点和管理需要来确定，常用的格式主要有以下5种。

（一）三栏式明细账

三栏式明细账适用于只需进行金额明细核算，而不需要进行数量核算的账户，比如，债权、债务等结算账户，其他只核算金额的账户也可采纳。一般格式有收发存三栏式（见表2-11）、借贷余三栏式。

表2-11 明细分类账

总第____页
分第____页
会计科目或编号______

年		凭证		摘要	收入（借方）金额										√	付出（贷方）金额										√	借或贷	结存金额										√
月	日	字	号		千	百	十	万	千	百	十	元	角	分		千	百	十	万	千	百	十	元	角	分			千	百	十	万	千	百	十	元	角	分	

（二）数量金额式明细账

数量金额式明细账在“收入”、“付出”、“结存”三大栏内分别设置“数量”、“单价”、“金额”三小栏，一般适用于既要进行金额核算又要进行实物数量核算的各项财产物资，如原材料、库存商品等，见表2-12。

表2-12 明细分类账

总第____页
分第____页
会计科目或编号______

年		凭证		摘要	收入（借方）											√	付出（贷方）											√	借或贷	结存											√
					数量	单价	金额										数量	单价	金额											数量	单价	金额									
月	日	字	号				百	十	万	千	百	十	元	角	分				百	十	万	千	百	十	元	角	分					百	十	万	千	百	十	元	角	分	

（三）多栏式明细账

多栏式明细账是根据管理需要，在一张账页内不仅按借、贷、余三部分设立金额栏，还要按明细科目在借方或贷方设立许多金额栏，以集中反映有关明细项目的核算资料，这种格式的明细账适用于“生产成本”、“制造费用”、“销售费用”、“管理费用”、“主营业务收入”（分产品的）等账户的明细核算，见表2-13。

表2-13　××明细账

第　页

年		凭证		摘要	借方	贷方	借或贷	余额	（　）方分析
月	日	字	号						

此外，本年利润的形成和分配类的科目以及“应缴税费——应缴增值税”等科目，则需采用借贷双方均为多栏式的明细账（见表2-14）。

表2-14　应缴税费——应缴增值税明细账

年		凭证		摘要	借方			贷方				借或贷	余额
月	日	字	号		合计	进项税额	已缴税金	合计	销项税额	出口退税	进项税额转出		

（四）平行式明细账

平行式明细分类账也叫横线登记式明细账。平行式明细分类账页设“借方”和“贷方”两栏。其登记方法是采用横线登记，即将每一相关业务登记在一行，从而可依据每一行各个栏目的登记是否齐全来判断该项业务的进展情况。平行式明细账适用于“材料采购”、“其他应收款”等账户的明细分类核算，由会计人员逐笔进行登记。同一行内如果借方、贷方都有记录，表明该项经济业务已处理完毕，如果只有借方记录，没有贷方记录，则表示该项经济业务还未结束。“材料采购明细分类账”账页格式见表2-15。

表2-15　材料采购明细分类账

物资名称或类别：　　　　第　页

年		凭证		摘要	借方金额			贷方金额	余额
月	日	字	号		买价	采购费用	合计		

（五）卡片式账簿

卡片账是以发散的卡片组成，放在卡片箱中可以随取随放的一种账簿。采用这种账簿，灵活方便，可以使记录的内容详细具体，可以跨年度使用而无需更换账页，也便于分类汇总和根据管理的需要转移卡片。但这种账簿的账页容易散失和被抽换，因此使用时，应在卡片上连续编号，以保证安全。卡片式账簿一般适应于账页需要随着物资使用或存放地点的转移而重新排列的明细账，如固定资产登记卡，具体见表2-16。

表2-16 固定资产登记卡

总账科目： 本卡编号：
明细科目： 财产编号：

中文名称		抵押权设定、解除及保险记录	抵押行库				
英文名称			设定日期				
规格型号			解除日期				
厂牌号码			险别				
购置日期			承保公司				
购置金额			保单号码				
存放地点			投保日期				
耐用年限			费率				
附属设备			保险费				
			备注				

移动情形											
年	月	日	使用部门	用途	保管员	年	月	日	使用部门	用途	保管员

维修情况	年	月	日	原因

填表注意事项：

1. 本卡适用于机械设备、运输设备、机电性什项设备，新卡的填写由管理部门填制（如认为需要可增填一份送使用部门）
2. 本卡的编号由保管卡部门自编
3. 附属设备栏：应填名称、规格及数量

如因管理需要，须另行设计表格者，须把新设表格送总管理处总经理室备查

企业的明细分类账采用活页形式。存货类的明细账要用数量金额式的账页；收入、费用、成本类的明细账要用多栏式的账页；应缴增值税的明细账单有账页；其他的基本全用三栏式账页。因此，企业需要分别购买这四种账页，数量的多少依然是根据单位业务量等情况而不同。业务简单且很少的企业可以把所有的明细账户设在一本明细账上；业务多的企业可根据需要分别就资产、权益、损益类分三本明细账，也可单独就存货、往来账项各设一本（注意：此处没有硬性规定，完全视企业的管理需要来设）。

第三章 读懂资产负债表

引言

资产负债表是反映企业在某一特定日期（月末、季末、年末）财务状况的报表，属于静态会计报表。作为老板的你若能读懂资产负债表，就会了解企业所拥有或控制的经济资源及其分布情况，企业财务实力、短期偿债能力和支付能力，企业未来的财务趋势，企业融通资金和使用资金的能力及企业的经营绩效。

第一节　资产负债表基础知识

一、什么是资产负债表

资产负债表是反映企业某一特定日期财务状况的会计报表。编制资产负债表的目的是反映企业资产、负债、所有者权益金额及其构成情况，从而有助于使用者评价企业资产质量以及长短期偿债能力、利润分配能力。

在资产负债表上企业有多少资产？是什么资产？有多少负债？是哪些负债？净资产是多少？其构成怎样？报表都反映得清清楚楚。在对财务报表的学习中，资产负债表是一个很好的开端，因为它体现了企业的财务结构和状况。资产负债表描述了它在发布那一时点企业的财务状况。

二、资产负债表的作用

从资产负债表的功能上说，主要有以下4个方面的作用。

（一）反映资产及其分布状况

资产负债表能够反映企业在特定时点拥有的资产及其分布状况等信息。它表明企业在特定时点所拥有的资产总量有多少、资产是什么，比如流动资产有多少、固定资产有多少、长期投资有多少、无形资产有多少等。

（二）表明企业所承担的债务及其偿还时间

资产负债表能够表明企业在特定时点所承担的债务、偿还时间及偿还对象。如果是流动负债，就必须在1年内偿还；如果是长期负债，偿还期限就可以超过1年。因此，从负债表可以清楚地知道，在特定时点上企业欠了谁多少钱、该什么时候偿还。

（三）反映净资产及其形成原因

资产负债表能够反映在特定时点投资人所拥有的净资产及其形成的原因。净资产其实是股东权益。在某一个特定时点，资产应该等于负债加股东权益，因此，净资产就是资产减负债。应该注意的是，可以说资产等于负债加股东权益，但绝不能说资产等于股东权益加负债，它们有着根本性的区别。也就是说，企业的资产首先要用来偿还债务，剩下的资产才归投资人所有。

（四）反映企业财务发展状况趋势

资产负债表能够反映企业财务发展状况的趋势。当然，孤立地看一个时点数，也许反映的问题不够明显，但是如果把几个时点数排列在一起，企业财务发展状况的趋势就很明显了。比如企业的应收账款，第1年是10万元，第2年是20万元，第3年是30万元，第4年是40万元。如果把这4年的时点数字排在一起，就很容易发现，这个企业的应收账款呈逐年上升的趋势。应收账款逐年上升的趋势表明，或者销售环节没有管好应收款，或者说明企业做好了，市场扩大了，相应的应收账款也增加了。从这个角度来说，如果一个企业的管理者能够关注每一个时点的状况，就会对企业的财务状况有一个比较全面的了解；反之，不注重捕捉时点数，将会给企业的管理造成比较大的失误。

案例

总部设在伦敦的巴黎银行，是世界上首家商业银行，创建于1763年。但是1995年年末，这家世界上最老牌的商业银行却破产倒闭了。是什么原因使这家老牌银行走向末路呢？除了银行内部的控制有问题以外，还有一个很经典的问题——这家银行的董事长比德巴林不重视资产负债表。在一次演讲中，他曾经说过这样一句话：若以为揭露更多的资产负债表的数据，就能够增进对一个集团的了解，那真是幼稚无知了。他的意思是，如果认为时点数有那么重要，那简直就是幼稚无知。具有讽刺意味的是，他发表这番“高论”之后不到1年的时间，巴黎银行破产了，这是他绝对没有想到的。因为他不重视对资产负债表的阅读，使银行付出了惨痛的代价。其实巴黎银行是完全可以避免破产的。银行每天都要编资产负债表，如果银行的高层管理能够关注资产负债表，就会知道公司已经发生什么事情，如果及时采取措施，就不至于使得公司破产倒闭。因此，虽然是时点数，如果关注它、认识它、使用它，就能够为管理做出很大的贡献。

三、资产负债表的结构

资产负债表是一张静态的会计报表，根据各要素在数量上存在依存关系，即：“资产=负债+所有者权益”这一基本会计方程式，依照一定的分类标准和次序，把企业一定时日资产、负债和所有者权益各项目予以适当排列而成。其中资产和负债项目是按照资产和负债的流动性从大到小、从上到下依次排列。

资产负债表由表头、表身和表尾组成。其基本结构见表3-1。

表3-1 资产负债表

编制企业：　　　　××××年×月×日　　　　单位：元

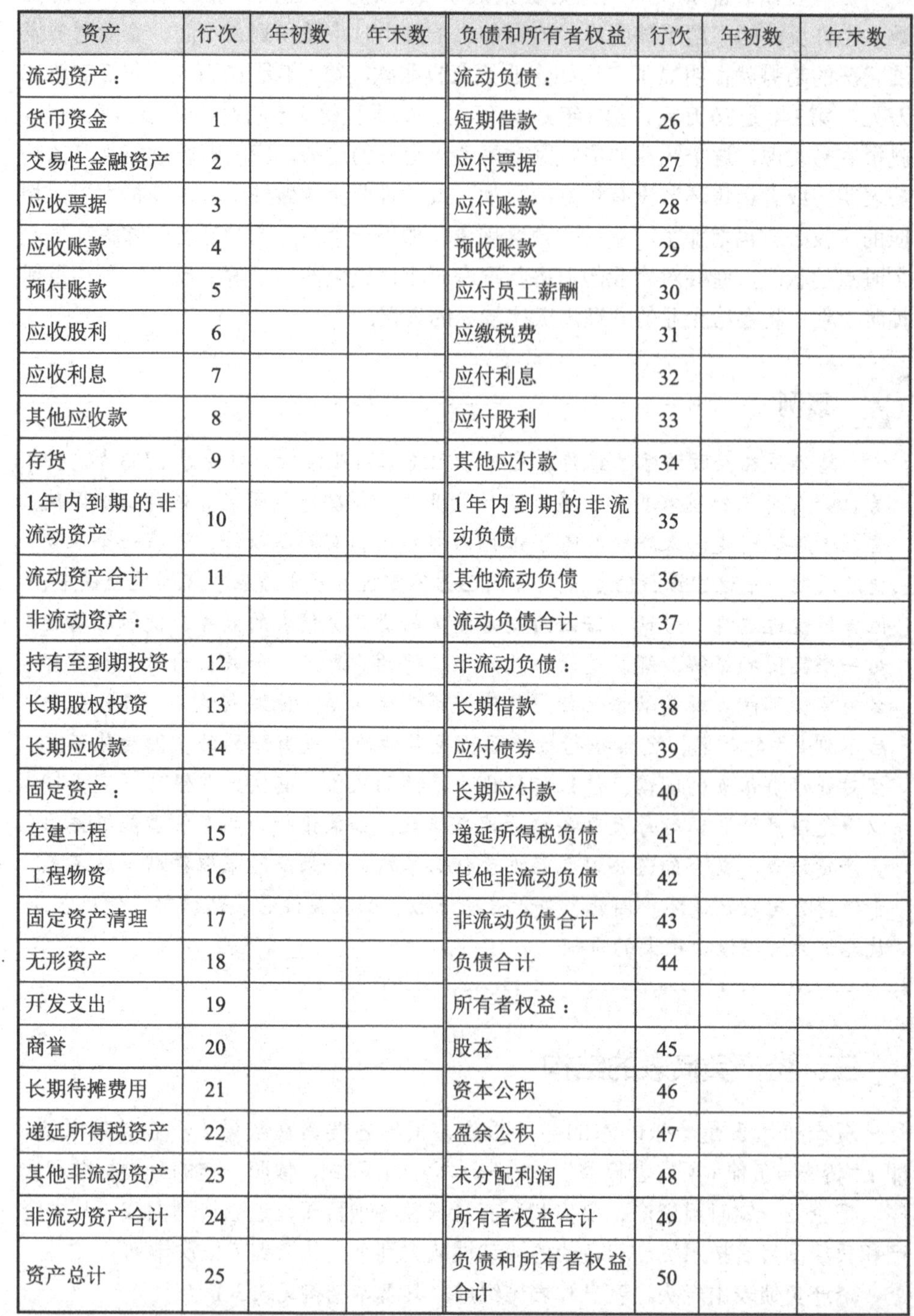

资产	行次	年初数	年末数	负债和所有者权益	行次	年初数	年末数
流动资产：				流动负债：			
货币资金	1			短期借款	26		
交易性金融资产	2			应付票据	27		
应收票据	3			应付账款	28		
应收账款	4			预收账款	29		
预付账款	5			应付员工薪酬	30		
应收股利	6			应缴税费	31		
应收利息	7			应付利息	32		
其他应收款	8			应付股利	33		
存货	9			其他应付款	34		
1年内到期的非流动资产	10			1年内到期的非流动负债	35		
流动资产合计	11			其他流动负债	36		
非流动资产：				流动负债合计	37		
持有至到期投资	12			非流动负债：			
长期股权投资	13			长期借款	38		
长期应收款	14			应付债券	39		
固定资产：				长期应付款	40		
在建工程	15			递延所得税负债	41		
工程物资	16			其他非流动负债	42		
固定资产清理	17			非流动负债合计	43		
无形资产	18			负债合计	44		
开发支出	19			所有者权益：			
商誉	20			股本	45		
长期待摊费用	21			资本公积	46		
递延所得税资产	22			盈余公积	47		
其他非流动资产	23			未分配利润	48		
非流动资产合计	24			所有者权益合计	49		
资产总计	25			负债和所有者权益合计	50		

第二节　资产负债表的阅读

一、总额观察法

面对资产负债表，首先需要考虑的就是观察总额的变化。

不管资产负债表的项目有多少，其大项目只有三个，即资产、负债、所有者权益，而这三个数字之间内在的数量关系就是“资产=负债+所有者权益”。资产是企业资源变化的一个结果，引起这种结果变化的根本原因主要有两方面。

（1）负债的变化。

（2）所有者权益的变化。既然资产等于负债加所有者权益，那么资产的增减变化量应该等于负债的增减变化量加所有者权益的增减变化量，即：

资产的增减变化量=负债的增减变化量+所有者权益的增减变化量

（一）资产增加

在具体考察资产、负债、所有者权益之间的依存关系时，当一个企业在某一特定时点的资产总额增加，伴随的原因可能是负债在增加，或者是所有者权益在增加。比如从银行借款或增加注资。

（二）资产减少

当一个企业资产在减少时，伴随的原因可能是负债在减少，也可能是所有者权益在减少。比如偿还银行贷款或减少注资。

其实，在现实中真实的情况要复杂得多。当资产增加时，可能负债在增加，而所有者权益在减少。研究这三个数字的关系，就可以基本上把握企业在某个经营时段中发生了哪些重大变化，也就可以摸清这个企业财务发展变化的基本方向。

从总额观察中可以找到一个方向性的问题：从年初到年末，该企业资产总量在减少，而负债在急速下降，所有者权益在增加。根据报表中关于资产的增减变化，就可以进一步探究这种变化的原因。资产总量减少只是个结果，而引起这种结果的原因就是负债的变化和股东所有权的变化。

二、具体项目浏览

具体项目浏览，就是拿着报表从上往下看，左右对比看。从上往下即一个项目一个项目地观察，而左右对比就要看一看哪个数字发生的变化最大、哪个数字发生变化的速度最快，哪个就是主要原因。

资产总量在减少，负债在减少，负债有流动负债和长期负债。首先流动负债中有两个项目变化比较突出，一个是短期借款，另一个是应付票据。短期借款到期必须偿还，减少属正常现象；应付票据的减少是因为公司前期买商品时，使用的是商业汇票结算，而且已经做出承诺要在这个时候付款，减少也正常。

分析资产减少而所有者权益增加的原因：实收资本和资本公积增加说明投资者继续注入企业资金，而且还做了变更登记提高了注册资金；盈余公积和未分配利润两个项目增加是因为企业赚钱了，有盈利。

三、流动资产项目分析

（一）货币资金的分析：构成与运用

1.货币资金的构成

货币资金必须是不受限制的手持现金和存款、其他货币资金，也即必须是能够不受妨碍地用于偿付流动性债务的现金和存款。具体包括库存现金、银行结算户存款、外埠存款、银行汇票存款、银行本票存款、信用证存款、信用卡存款和在途资金。

特别提示 ▸▸▸

短期借款的补偿性存款，一般也列为流动资产，但它实际上减少了企业（即借款人）可用于偿还债务的现金量，因此，分析者在分析时，可以考虑予以剔除。

2.货币资金数额大与小的利与不利

货币资金数额大与小的利与不利见表3-2。

表3-2　货币资金数额大与小的利与不利

	有利	不利
数额大	（1）短期偿债能力强，支付手段强，是特殊资产，随时可转变为任何资产 （2）资金周转不会遇到困难 （3）财务状况好	（1）反映在经营成果上盈利能力差 （2）可能只有利息收入 （3）在通货膨胀下贬值，给企业带来无形损失 （4）数额大带来资金沉淀，可能在资金调度管理上存在问题
数额小	资金可能利用较充分（根据损益表判断）	短期偿债能力差，债权人风险大（信用危机）

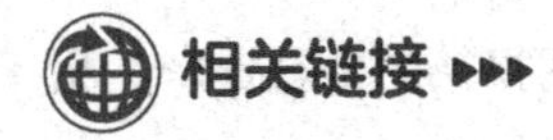

合理的现金储备量

参考西方货币资金储备标准（货币资金占总资产比例）：1亿美元以下为7.6%；3亿美元以下为6.3%；3亿以上10亿美元以下为6.1%；100亿美元为3.5%；我国上市公司为10%～20%。

3.具体分析的内容

货币资金具体分析的内容见表3-3。

表3-3 货币资金具体分析的内容

序号	内容	具体说明
1	货币资金规模的分析	企业货币资金是否合理，取决于： （1）资产规模和业务量 （2）筹资能力 （3）运用货币资金能力：如果企业囤积大量货币资金，可能意味着企业正在丧失潜在的投资机会，也表明了企业的管理人员经营能力不佳、生财无道 （4）行业特点，商业企业会多一点
2	货币资金变动分析	货币资金变动受下列因素的影响： （1）销售规模的变动：销售规模扩大，货币资金也会增加 （2）信用政策的变动：信用政策严格，会使现销增加，从而使货币资金增加 （3）为支出大笔现金做准备：如要还款、派发股利、采购大宗商品等
3	货币资金的持有量是否合理	（1）根据该企业的资产规模、业务量的大小、筹资能力、货币的运用能力和行业特点进行分析 （2）货币持有量过多，表明企业资产使用效率低，会降低企业赢利能力；反之，货币持有量过少，不能满足经营需要
4	货币资金周转速度分析	货币资金周转率＝每期实际收到的销售款÷期初货币资金持有量，这个比率越高，说明收款速度越快
5	货币资金管理分析	货币资金管理分析要注意： （1）付款过程的内部控制 （2）收款过程的内部控制 （3）小金库问题：造成国家税款流失（违法行为） （4）有无遵守国家关于现金管理的有关规定

（二）交易性金融资产

交易性金融资产包括为交易目的所持有的债券投资、股票投资、基金投资、权证投资等和直接指定为以公允价值计量且其变动计入当期损益的金融资产，相当于有价证券或短期投资。

1. 交易性金融资产的质量

处于价值上升期、其市价高于账面价值即公允价值变动损益贷方金额越多的交易性金融资产质量越高。

账面价值高于市场价值、公允价值变动损益借方金额越多的交易性金融资产质量越差。

2. 交易性资产质量分析要点

（1）关注交易性金融资产的目的性与报表金额的特点。交易性金融资产与可供出售金融资产是不一样的。企业可能利用金融资产的分类以“改善”其流动比率，操纵利润。如：交易性金融资产公允价值变动计入当前损益，而可供出售金融资产公允价值变动计入资本公积；达到其他目的。

（2）关注交易性金融资产的计量。应以公允价值计量且其变动计入当期损益。

（3）关注交易性金融资产对当期损益的影响，因为波动可能较大。

（4）关注与交易性金融资产有关的股利、利息，了解收益性如何。

特别提示 ▶▶▶

企业可能进行这种操纵的行为信号：

（1）交易性金融资产金额较为“整齐”。

（2）企业流动比率良好但现金支付能力差。

（三）应收账款（短期债权的分析）

应收账款是指企业在正常的经营过程中因销售商品、产品、提供劳务等业务，应向购买单位收取的款项，包括应由购买单位或接受劳务单位负担的税金、代购买方垫付的各种运杂费等。应收账款是伴随企业的销售行为发生而形成的一项短期债权。

1. 商业债权与非商业债权

商业债权（应收票据与应收账款）：因商品赊销而形成的债权。

非商业债权：因其他原因而形成的债权（其他应收款）。

2. 商业债权规模的决定因素

（1）行业惯例。

（2）企业特定时期的营销策略（注意：对存货周转的影响）。

3.债权的质量分析

（1）账龄分析。账龄分析就是分析客户所欠账款时间的长短及发生坏账的可能性。当公司的应收账款事实上超过1年或1个营业周期，但按行业惯例仍将其列为流动资产时，你就应对此类应收账款予以特别的关注——如果竞争企业没有此类应收账款，就会面临不可比，所以，应予以剔除。

账龄分析可以运用账龄分析表，见表3-4。

表3-4 应收账款账龄分析表

单位：　　　　　　　　　　日期：

欠款单位名称（结算对象）	关联关系类型	业务内容	发生日期	账龄						账面价值	坏账准备	应收账款净额
				1年以内金额	1～2年金额	2～3年金额	3～4年金额	4～5年金额	5年以上金额			
合　计												
减：应收账款坏账准备												
合　计												

（2）债务人构成分析。要分析债务人的区域构成（经济发展好、法律健全的地区，收回债权的可能性高）、债权人与债务人的关联关系（非关联关系的债务求偿性强，易收回）、债务人的稳定程度（越稳定越能收回），另外，还要分析债务人的行业构成、债务人的信用等级构成（财务实力分析）、债务人集中度分析、所有权性质构成等。

分析应收账款时，还要注意客户的集中程度，要分析这些客户的信用、偿债能力。

（3）坏账准备的分析。要分析计提的范围、方法、提取比例及前后年度的变更。

相关链接 ▸▸▸

坏账计提的范围

坏账准备是指企业的应收款项（含应收账款、其他应收款等）计提的，是备抵账户。

企业在确定坏账准备的计提比例时，应当根据企业以往的经验、债务单位的实际财务状况和现金流量的情况，以及其他相关信息合理地估计。除有确凿证据表明该项应收款项不能收回，或收回的可能性不大外（如债务单位撤销、破产、资不抵债、现金流量严重不足、发生严重的自然灾害等导致停产而在短时间内无法偿付债务等，以及应收款项逾期3年以上），下列各种情况一般不能全额计提坏账准备。

（1）当年发生的应收款项。

（2）计划对应收款项进行重组。

（3）与关联方发生的应收款项。

（4）其他已逾期，但无确凿证据证明不能收回的应收款项。

企业持有的未到期应收票据，如有确凿证据证明不能收回或收回的可能性不大时，应将其账面余额转入应收账款，并计提相应的坏账准备。

企业的预付账款如有确凿证据表明其不符合预付账款性质，或者因供货单位破产、撤销等原因已无望再收到所购货物的，应将原计入预付账款的金额转入其他应收款，并计提相应的坏账准备。

企业对于不能收回的应收款项应当查明原因，追究责任。对有确凿证据表明确实无法收回的应收款项，如债务单位已撤销、破产、资不抵债、现金流量严重不足等，根据企业的管理权限，经股东大会或董事会，或经理（厂长）办公会或类似机构批准作为坏账损失，冲销提取的坏账准备。

（4）要比较应收账款和营业收入的关系。当应收账款增长率大幅度高于营业收入增长率时，应特别注意应收账款的收现性；应注意是否有虚增资产和利润之嫌，尤其应关注来自于关联方交易的应收账款的增长。

（5）要观察其他应收款。要观察其他应收款中是否存在非法拆借资金、抽逃资本金、担保代偿款和挂账费用等，尤其应关注与关联方发生的其他应收款。

（6）关注不良债权的处理与报表披露。要留意坏账的估计，报表的披露要注意企业利用应收账款虚构收入以粉饰报表。

（四）存货分析

存货是指企业在日常活动中持有以备出售的产成品或商品、处在生产过程中的在产品、在生产过程或提供劳务过程中耗用的材料和物料等。

存货的质量分析内容见表3-5。

表3-5 存货的质量分析内容

序号	内容	具体说明
1	存货真实性分析	存货数量的确定：通过盘存，确定账实是否相符、是否完好无损
2	存货计价分析	（1）存货计价的影响： ① 对企业损益的计算有直接影响：期末存货计价高，意味着计入已售产品成本的存货成本低，当期收益可能提高。反之，当期收益可能下降 ② 对资产负债表上的流动资产、所有者权益有影响：计入成本的存货计价不同利润不同，最后计入所有者权益的税后利润不同 ③ 对缴纳所得税有影响：结转销售成本的存货计价不同，应税利润也会不同 （2）存货价值量的确定： ① 明显贬值存货的处理：成本与可变现净值孰低原则，存货成本高于其可变现净值的，要计提存货跌价准备 ② 明显贬值的存货产生原因：时效性强；技术进步快，更新换代快；受偶发性因素影响等
3	存货构成的项目分析	企业存货资产遍布于企业生产经营全过程，种类繁多，按其性质可分为材料存货、在产品存货和产成品存货，存货构成分析既包括各类存货规模与变动情况分析，也包括各类存货结构与变动情况分析
4	存货跌价准备分析	要分析前后各期存货跌价准备，确定标准有无变化
5	存货增减变动分析	一般情况下，存货结构应保持相对稳定，要注意异常变动，特别是产成品的大量增加，往往意味着产品的积压
6	存货规模分析	存货过多，影响资产的流动性、偿债能力、资金周转，增加资金占用和储存成本，太少影响企业正常的生产经营，所以最好按经济批量确定规模
7	存货质量分析	注意存货的实际质量，有无恶化的迹象
8	存货会计政策的分析	（1）分析存货准备计提是否准确 （2）分析存货的盘存制度对确认存货的数量和价值的影响

实例

某企业2014年的年度财务报表显示，由于发出存货的计价方法由原来的加权平均法改为先进先出法，公司的销售毛利由2013年的17.6%上升为2014年的18.9%。由于销售毛利率的变化，使得公司2014年的主营业务利润增加了2474万元。

四、非流动资产项目分析

（一）“可供出售金融资产”和“持有至到期投资”项目的分析

可供出售金融资产，是指企业持有的以公允价值计量的可供出售的股票投资、债券投资等金融资产。

可供出售金融资产和持有至到期投资的分析，与企业交易性金融资产、应收款项等金融资产的分析相同，分析者在分析时，应当注意企业金融资产的分类是否规范。

（二）“长期应收款”项目的分析

长期应收款包括企业融资租赁产生的应收款项、采用递延方式具有融资性质的销售商品和提供劳务等产生的应收款项等。长期应收款的分析与应收账款的分析基本相同。

（三）“长期股权投资”项目的分析

长期股权投资，是指企业持有的对子公司、联营企业、合营企业的投资以及投资企业对被投资单位不具有共同控制或重大影响，且在活跃市场中没有报价、公允价值不能可靠计量的长期股权投资。

长期股权投资的分析应当注意：规模是否适当、增减变动和结构是否合理、会计核算方法是否恰当、减值准备的核算是否准确以及被投资的明细情况等方面。

分析企业长期股权投资跌价准备的核算是否准确，要注意以下两点。

（1）企业长期股权投资是否存在减值迹象。

（2）可收回金额的计算是否正确。

（四）“投资性房地产”项目的分析

投资性房地产是指企业为赚取租金或资本增值，或者两者兼有而持有的房地产。分析者在分析时，针对不同的情况关注的重点是不一样的，具体如图3-1所示。

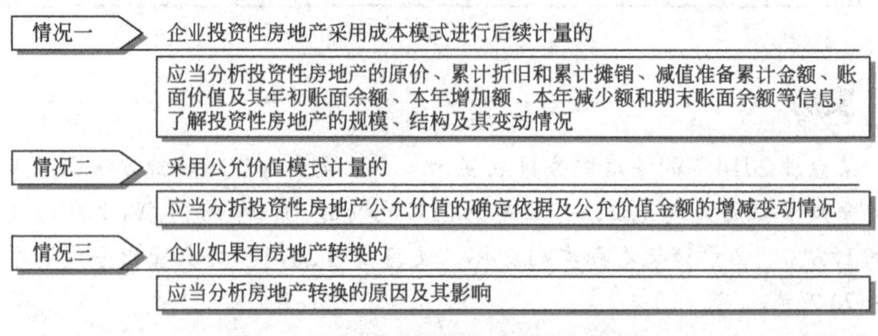

图3-1 “投资性房地产”项目的分析重点

（五）固定资产的分析

固定资产是指企业为生产商品、提供劳务、出租或经营管理而持有的、使用寿命超过一个会计年度的有形资产。

高质量的固定资产，应表现为：其生产能力与存货的市场份额所需要的生产能力相匹配，周转速度适当，利用充分，闲置率不高。

相关链接 ▸▸▸

固定资产与低值易耗品的区别

固定资产是使用年限超过1年的房屋、建筑物、机器、机械、运输工具以及其他和生产经营有关的设备、器具、工具等资产，不属于生产经营的主要设备的物品，单位价值在2000元以上，使用期限超过2年的也应作为固定资产。

低值易耗品从其价值标准来看，指单位价值在10元以上、2000元以下，或者使用年限在1年以内，不能作为固定资产的劳动资料。一般可以分为以下4大类。

（1）经营用具，指经营中使用的各种用具如清洁器械、消防器械、绿化器械等。

（2）管理用具，指企业管理中的各种家具用具，如保险柜、沙发、椅子、桌子等。

（3）包装容器，指物业管理企业在经营过程中使用的周转箱、包装袋等。

（4）其他用具，指不属于以上分类的低值易耗品。

1. 固定资产的分析要点

固定资产的分析应当注意以下4个方面。

（1）企业固定资产的规模是否适当、固定资产的增减变动是否合理、固定资产的结构是否合理、固定资产能否满足企业生产经营的需要。

（2）企业固定资产的标准、固定资产的分类和计价是否恰当。

（3）企业固定资产折旧的核算是否正确。

（4）企业固定资产减值准备的核算是否准确。

2. 固定资产的分析内容

固定资产的分析内容包括以下5个方面。

（1）固定资产规模与变动情况分析。具体包括固定资产原值变动情况分析、固定资产净值变动情况分析。

（2）固定资产结构与变动情况分析。固定资产结构分析应特别注意从以下3个方面进行。

①特别注意分析生产用固定资产与非生产用固定资产之间比例的变化情况。

②特别注意考察未使用和不需用固定资产比率的变化情况，查明企业在处置闲置固定资产方面的工作是否得力。

③考察生产用固定资产内部结构是否合理。

（3）固定资产折旧分析，主要分析以下内容。

①固定资产折旧方法的合理性。

②分析企业固定资产折旧政策的连续性。

③分析固定资产预计使用年限和预计净残值确定的合理性。

固定资产的折旧问题，要分析预计使用年限和预计净残值确定的合理性、折旧方法的合理性、前后的一致性，有无通过折旧方法的变更来修饰利润。

（4）固定资产减值准备分析。

①固定资产减值准备变动对固定资产的影响。

②固定资产可回收金额的确定。

③固定资产发生减值对生产经营的影响。

（5）固定资产清理的分析。固定资产清理项目，是指企业因出售、毁损、报废等原因转入清理但尚未清理完毕的固定资产净值，以及固定资产清理过程中所发生的清理费用和变价收入等各项金额的差额。

固定资产清理的分析，应当查明固定资产清理的原因以及尚未清理完毕的原因。

（六）在建工程和工程物资的分析

在建工程，是指企业期末各项未完工程，包括企业正在施工中的固定资产建筑工程、安装工程、技术改造工程等，从在建工程支出的内容看，包括交付安装的设备价值、未完建筑工程已经耗用的材料、薪酬和费用支出、预付出包工程价款等。

工程物资的分析可以与企业存货的分析相同。

在建工程的分析应当注意其明细项目和减值准备计提情况两个方面。

（七）“生产性生物资产”和“油气资产”项目的分析

生物资产是指与农业生产相关的有生命的（即活的）动物和植物。

油气资产是指企业持有的矿区权益和油气井及相关设施。生产性生物资产和油气资产的分析与固定资产分析基本相同。

（八）无形资产的分析

无形资产是指企业为生产商品或者提供劳务、出租给他人，或为管理目的而持有的、没有实物形态的非货币性长期资产，包括专利权、非专利技术、商标权、著作权、土地使用权等。

1. 无形资产的数量判断

在分析无形资时首先应对其总额进行数量判断，即看无形资产占资产总额的比重。

无形资产的规模，一般传统行业在10%以下，高新技术企业30%左右，甚至更高。

2. 无形资产的质量分析

无形资产的质量，主要体现在企业内部的利用价值和对外投资或转让的价值上。具体见表3-6。

表3-6　无形资产的质量分析

序号	类别	质量分析
1	无形资产的确认	分析者在分析时，应从附注里分析其确认是否符合会计准则，还应注意无形资产规模的不正常增加 （1）研发支出不符合资本化条件的，计入管理费用；符合资本化条件的计入无形资产 （2）外购的：计入无形资产 （3）研究费：全部入当期利润表，计入管理费用 （4）开发费：满足资本化条件的，计入无形资产 （5）无法区分研究费和开发费的，计入管理费用 因为研发支出会使当期业绩下降，如果出现不正常增加，可能是企业为了减少研究开发费用对利润表的冲击而进行的一种处理
2	无形资产的类别比重	无形资产以前分为可辨认无形资产和不可辨认无形资产，前者包括专利权、非专利技术、商标权、著作权、土地使用权、特许权，甚至包括电子计算机软件、网址、域名等，后者指商誉，现在商誉不再包含在无形资产中 一般而言，专利权、商标权、著作权、土地使用权、特许权等无形资产价值较高，且易于鉴定，如果企业的无形资产以非专利技术、商誉为主，则容易产生资产的泡沫

（九）长期待摊费用

长期待摊费用，是指企业已经发生但应由本期和以后各期负担的分摊期限在1年以上的各项费用，如以经营租赁方式租入固定资产发生的改良支出等。具体包括：企业筹建期间发生的支出、经营性租入固定资产改良支出以及摊销期限在1年以上的待摊费用。如股份有限公司发行股票支付的手续费或佣金等相关费用，减去股票发行冻结期间的利息收入后的余额，从发行股票的溢价中不够抵消的，或者无溢价的，若金额较小，直接计入当期损益，若金额较大，可作为长期待摊费用在不超过2年的期限内平均摊销，计入损益。

1.长期待摊费用的分析内容

长期待摊费用的分析包括的内容如下。

（1）分析长期待摊费用的明细情况，包括了解长期待摊费用的各具体项目的发生时间、本年新增长期待摊费用数额、本年摊销数额、年末摊余价值、剩余摊销年限等。因为长期待摊费用不计提资产减值准备，如果企业长期待摊费用项目不能使以后会计期间受益的，应当将尚未摊销的该项目的摊余价值全部转入当期损益。

（2）分析长期待摊费用对以后会计期间的影响，就是要防止企业将长期待摊费用当作利润的调整器。

2.长期待摊费用的质量分析

长期待摊费用数额较大，只会降低资产质量，分析企业质量时必须将其剔除。

比如，某公司2014年的年度财务报表显示有近1800万元的净利润，但该公司根据当地财政部门的批复，将已经发生的折旧费用、管理费用、退税损失、利息支出等累计约10000万元挂列为“长期待摊费用”。若考虑这两个因素，该公司实际上发生了严重的亏损。

特别提示 ▶▶▶

除了“特准储备物资”，企业其他非流动资产往往是不正常的，如待处理海关罚没物资、税务纠纷冻结物资、未决诉讼冻结财产、海外纠纷冻结财产等，能否变现不确定，分析者在进行质量分析时，也应通过报表附注予以特别关注。

（十）“递延所得税资产”项目的分析

递延所得税资产，是指企业确认的可抵扣暂时性差异产生的递延所得税资产，在资产负债表中，该项目是根据“递延所得税资产”账户的期末余额填列的。

递延所得税资产的分析，应当注意企业递延所得税资产的确认是否符合会计准则的要求，计量是否准确。

（十一）“其他非流动资产”项目的分析

其他资产，是指企业除上述长期股权投资、固定资产、在建工程、工程物资、无形资产以外的其他资产，如所有权受到限制的资产。

其他非流动资产的分析，应当重点分析其绝对额的大小和增减变动的原因。

五、流动负债的构成与质量分析

（一）流动负债的构成

企业的流动负债，包括短期借款、交易性金融负债、应付票据、应付账款、预收款项、其他应付款、应付职工薪酬、应缴税费、应付利息、应付股利、1年内到期的非流动负债和其他流动负债等项目。具体见表3-7。

表3-7　流动负债的构成

序号	项目	具体说明
1	短期借款	短期借款是企业从银行或其他金融机构借入的期限在1年以内的各种借款，企业借入的短期借款无论用于哪方面，只要借入了这笔资金，就构成了一项负债
2	交易性金融负债	交易性金融负债指的是企业采用短期获利模式进行融资所形成的负债，如企业为短期融资发行的，计划于短期内赎回的证券等，在期末交易性金融负债应按公允价值计量，报告期间公允价值的变动计入当期损益
3	应付票据	应付票据是由出票人出票，委托付款人在指定日期无条件支付特定的金额给收款人或者持票人的票据，应付票据按是否带息分为带息应付票据和不带息应付票据两种
4	应付账款	（1）应付账款是指企业因赊购原材料等物资或接受劳务供应而应付给供应单位的款项，它是由于购进商品或接受劳务等业务发生时间与付款时间不一致造成的 （2）一般而言，凡是购进商品的所有权转到企业（买方企业）时，或企业实际使用外界提供的劳务时，就需要确认应付账款并予以入账
5	预收款项	预收款项是指企业商品销售尚未发生或劳务尚未提供，而向购货方收取的货款或定金，如收到销货定单时同时收取的保证金、预收商品包装物上的押金等，它需在收款后1年或长于1年的营业周期内用约定的商品、劳务或出租资产来抵偿，如果企业收取款项后，没有按照约定的条件提供商品或劳务，就必须退还预收款项并赔偿由此给客户造成的损失 预收收入一般被列为流动负债，如果有特别合约规定，企业预收款项可在1年或长于1年的营业周期以上用提供商品、劳务清偿，则应列为长期负债
6	其他应付款	其他应付款，是指企业除应付票据、应付账款、预收账款、应付职工薪酬、应付利息、应付股利、应缴税费、长期应付款等以外的其他各项应付、暂收的款项

续表

序号	项目	具体说明
7	应付职工薪酬	应付职工薪酬是指企业为获得职工提供的服务而应支付给职工的各种形式的报酬以及其他相关支出 "职工"，包括与企业订立劳动合同的所有人员，含全职、兼职和临时职工；未与企业订立劳动合同，但由企业正式任命的企业治理层和管理层人员，如董事会成员等及在企业的计划和控制下虽未与企业订立劳动合同或未由其正式任命但为其提供与职工类似服务的人员，其薪酬包括以下内容： （1）职工工资、奖金、津贴和补贴 （2）职工福利费 （3）医疗保险费、养老保险费、失业保险费、工伤保险费和生育保险费等社会保险费
8	应缴税费	企业在一定时期内取得的营业收入和实现的利润，要按照规定向国家缴纳各种税金，这些应缴的税金，应按照权责发生制的原则预提计入有关科目，这些应缴的税金在尚未缴纳之前暂时停留在企业，形成一项负债
9	应付利息	应付利息，是指企业按照合同约定应支付的利息，包括吸收存款、分期付息到期还本的长期借款、企业债券等应支付的利息
10	应付股利	应付股利是指企业经股东大会或类似机构审议批准分配的现金股利或利润，在其实际支付前，形成企业的负债 企业董事会或类似机构通过的利润分配方案中拟分配的现金股利或利润，不应确认负债，但应在附注中披露
11	1年内到期的非流动负债	一般来说，企业的长期负债最终到期时是要以流动资产（通常是以货币资金）来偿付的，为了准确反映企业短期内需偿付的债务金额，正确评价企业的短期偿债能力，资产负债表中也应将1年内到期的、已转化为流动负债的长期负债在流动负债中予以反映，该项目反映的即是企业"长期借款"、"长期应付款"等项目1年内到期的那部分金额

（二）流动负债质量分析

流动资产是1年内可变现为货币的资产项目，流动负债为1年内应清偿的债务责任。因此，在任一时点上，两者的数量对比关系对企业的短期经营活动会产生重要影响。

1.流动负债周转分析

流动负债各个项目的周转周期并不一致，有的项目流动性较高，在1年之内甚至更短的时期就要进行偿付（如短期借款）；有的项目流动性较低，在很长的时间甚至超过1年或超过1年的一个营业周期以上的时间进行清偿，如一些与关联企业往来结算而形成的其他应付款。在判断一个企业的流动性风险时，应该把这些因素考虑在内。流动性较差的短期负债会在无形中降低企业的流动性风险。

在对流动性负债周转进行分析的过程中，应该特别注意应付票据与应付账款的规模变化及其企业存货规模变化之间的关系。在企业存货规模增加较大，同时企业应付票据与应付账款的规模也随之增长的情况下，这种应付票据与应付账款的规模增加可能在很大程度上代表了企业供应商的债权风险。

2. 非强制性流动负债分析

对于企业短期偿债能力来说，能够真正影响企业现实偿债能力的是那些强制性债务，如当前必须支付的应付票据、应付账款、银行借款、应付股利以及契约性负债。对于预收账款、部分应付账款、其他应付款等，由于某些因素的影响，不必当期偿付，实际上并不构成对企业短期付款的压力，属于非强制性债务。

3. 企业短期贷款规模可能包含的融资质量信息

一般而言，企业的短期贷款主要与企业的经营活动相关联，通常用于补充企业的流动资金。但是在实际中，企业资产负债表期末短期贷款的规模很可能表现为超过实际需求数量。这可通过比较短期贷款与货币资金的数量关系来观察。出现上述现象可能涉及的原因，如图3-2所示。

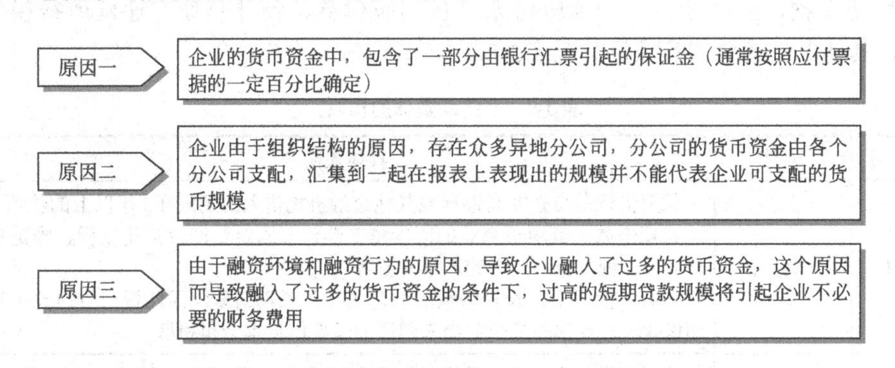

图3-2　期末短期贷款的规模超过实际需求数量的原因

4. 企业应付票据与应付账款的数量变化所包含的经营质量信息

（1）随着企业存货或营业成本的增长，应付账款相应增长。从债务企业的角度分析，这种增长在很大程度上代表了债务企业与供应企业在结算方式的谈判方面具有较强的能力：企业成功地利用了商业信用来支持自己的营业活动，又避免了采用商业汇票结算所可能引起的财务费用。而之所以接受这种结算方式而不采用商业汇票结算方式，是因为对债务企业的偿债能力有信心，对到期收回商业债权有信心。

（2）随着企业存货或营业成本的增长，应付票据相应增长。在这种增长的情况下，从债务角度来说这种增长在很大程度上代表了债务企业处于因支付能力下降而失去与供应企业在结算方式的谈判方面的优势而不得不采用的商业汇票结算的境地。

同时，采用商业汇票，会引起财务费用的增加、货币资金的周转压力增加。从债务企业来说，接受商业汇票结算方式，除了商业汇票具有更强的流动性外，还可能是因为对债务企业的偿债能力缺乏信心。

5.企业税金缴纳情况与税务环境

由于在资产负债表中各项目之间存在重要的对应关系，因此，从应缴所得税与利润表中的所得税费用之间的数量变化，就可以在一定程度上透视企业的税务环境：如果企业的应缴所得税、递延所得税负债表现为增加的态势，表明在纳税方面有可以允许企业推迟缴纳税款的相对有利的税务环境。

六、非流动负债项目分析

（一）非流动负债的构成

非流动负债是指偿还期在1年或者超过1年的一个营业周期以上的债务，包括长期借款、应付债券、专项应付款、长期应付款、预计负债、递延所得税负债、其他非流动负债等项目。见表3-8。

表3-8　非流动负债的构成

序号	项目	具体说明
1	长期借款	长期借款是指企业向银行或其他金融机构借入的期限在1年以上的款项 长期借款一般用于企业的固定资产购建、固定资产改扩建工程、固定资产大修工程及流动资产的正常需要等 在会计核算上，长期借款的利息也计入长期借款，因此资产负债表中长期借款项目反映的是企业尚未归还的长期借款本金和利息
2	应付债券	应付债券是指企业为筹集长期资金而发行的偿还期在1年以上的债券 资产负债表中的应付债券反映企业发行的尚未归还的各种长期债券的本金和利息 相对于长期借款而言，长期债券的风险和压力较大，因为债券的发行是面向全社会的，到期不还本息的社会影响较大，企业偿还债券本息的积极性一般高于偿还银行本息的积极性；对银行借款，银行的主体是国有银行，相当一部分企业也有能拖就拖的思想，结果导致银行的借款长期挂账
3	长期应付款	长期应付款是企业除长期借款和应付债券以外的其他各种长期应付款，如在补偿贸易方式下引进国外的设备，尚未归还外商的设备价款；在融资租赁方式下，企业应付未付的融资租入固定资产的租金以及住房周转金等 相对而言，这部分长期负债的风险较小
4	递延所得税负债	递延所得税负债的产生原因与递延所得税资产项目相同，都是在采用资产负债表债务法核算所得税时产生的 应纳税暂时性差异在转回期间将增加未来期间的应纳税所得额和应缴所得税，导致企业经济利益的流出，从其发生当期看，构成企业应支付税金的义务，应作为递延所得税负债确认
5	其他非流动负债	其他非流动负债是指企业除长期借款、长期应付款和应付债券以外的各种长期应付款项

（二）非流动负债的质量分析

分析者分析时，应注意的重点如下。

1. 由负债比例看企业财务风险

公司营运状况不佳时，短期负债、长期负债及负债比率不宜过高。此外，可以长期资金（即长期负债与净资产之和）对长期资产（固定资产、无形资产、长期投资）的比率检测长期资产的取得是否全部来源于长期资金。若比率小于1，则表示公司部分长期资产以短期资金支付，财务风险加大。

2. 长期负债与利息费用分析

如果利息费用相对于长期借款呈现大幅下降，应注意公司是否不正确地将利息费用资本化，降低利息费用以增加利润。

3. 企业非流动负债所形成的固定资产、无形资产的利用状况与增量效益

企业非流动负债所形成的固定资产、无形资产必须得到充分利用。企业得不到充分利用的固定资产和无形资产，即使其物理质量很高、取得成本很高，但由于其利用率不高，也难以产生应有的财务效益。

企业非流动负债所形成的固定资产、无形资产必须产生增量效益。企业的非流动负债是有代价的财务来源，而非流动负债所形成的固定资产、无形资产又是为企业的经营活动创造条件的。在财务关系上，就要求企业非流动负债所形成的固定资产、无形资产必须得到充分利用，并产生相应的增量效益，只有这样，企业的非流动负债才能够形成良性周转。

4. 企业非流动负债所形成的长期股权投资的效益及其质量

在企业的长期股权投资靠非流动负债推动的条件下，企业的长期股权投资必须产生投资收益，并且投资收益应该对应相当的规模的货币回收，这样，非流动负债的本金和利息才有可能得到偿还。

5. 企业非流动负债所对应的流动资产及其质量

有时企业的非流动负债被用于补充流动资金，从而形成流动资产。此时，相应流动资产的质量将直接决定企业非流动负债的偿还状况，须关注：企业的流动资产中有无不良占用（典型的不良占用包括非正常其他应收款、呆滞债权和积压、周转缓慢的存货等）。

6. 预计负债分析

预计负债是因或有事项而确认的负债。或有事项是指过去的交易或事项形成的，其结果须由某些未来事项的发生或不发生才能决定的不确定事项。如对外提供担保、未决诉讼、产品质量保证等。与或有事项相关的义务满足一些条件时，应当确认为预计负债，并在资产负债表中列示，否则，则属于或有负债，或有负债只能在表外披露，不能在表内确认。

七、或有负债的质量分析

或有负债的债务金额大小、债权人以及付款日期的确定均取决于未来不确定事项的发生情况。

严格地说或有负债并不属于负债，因而或有负债并不在资产负债表中体现，但须将其在报表附注中进行披露。

（一）或有负债披露的一般要求

或有负债的披露一般遵循稳健原则。会计准则：或有负债无论作为潜在义务还是现实义务，均不符合负债的确认条件，因而不予确认。但是，若或有负债符合某些条件时，则应予以披露。

1.必须披露的或有负债

企业应在会计报表附注中披露如下或有负债。

（1）已贴现商业承兑汇票形成的或有负债。

（2）未决诉讼、仲裁形成的或有负债。

（3）为其他单位提供债务担保形成的或有负债。

（4）其他或有负债（不包括极小可能导致经济利益流出企业的或有负债）。

特别提示 ▸▸▸

或有负债披露的基本原则是，极小可能导致经济利益流出企业的或有负债一般不予披露。但是，对某些经常发生或对企业的财务状况和经营成果有较大影响的或有负债，即使其导致经济利益流出企业的可能性极小，也应予以披露，以确保会计信息使用者获得足够充分和详细的信息。

2.或有负债应披露的内容

或有负债应披露以下内容。

（1）或有负债形成的原因。

（2）或有负债预计产生的财务影响（如无法预计，应说明理由）。

（3）获得补偿的可能性。

3.例外情况

涉及未决诉讼、仲裁的情况下，如果按照有关规定披露全部或部分信息预期会对企业造成重大不利影响，则企业无须披露这些信息。这并不表明企业可以不披露有关的信息，在这种情况下，企业至少应披露未决诉讼、仲裁的形成原因。

（二）或有负债的质量分析

或有负债虽然没有经过会计的账务处理，不能在会计报表中通过确定的数值体现，但在未来的某个时点，企业产生一定的经济利益流出的可能性是不能排除的，同时，企业对或有负债的估计也有可能是不准确、不完整的。

1. 或有负债产生原因的分析

根据谨慎性原则，在利用这些会计资料进行决策时，不应排除最终企业的可能损失超出估计的情况，对或有负债的质量分析，主要应对或有负债的原因进行分析。

或有负债和预计负债的产生原因主要如下。

（1）外部经济环境变化而引起的。

（2）企业从事正常的经营活动所必须发生的（如质量保证等所引起的或有负债）。

（3）企业自身管理不善而引起的。

对引起或有负债的原因分析，有助于区分或有负债产生过程的主观原因和客观原因，这对于企业内部管理者尤为重要。

2. 已贴现商业承兑汇票形成的或有负债的分析

对于已贴现商业承兑汇票形成的或有负债，如果贴现银行在汇票到期时，不能从汇票的承兑方获得汇票上的资金，则银行将从贴现企业的银行账户中将汇票上记载的资金金额划走或者为企业的短期负债。这种方式下，企业贴现商业汇票后，并没有与汇票彻底摆脱关系，还有可能被银行划走资金。因此，附加追诉权的贴现方式会令企业形成或有负债，会计信息使用者需要进一步结合附注资料，分析这种或有负债转化为现实义务的可能性以及对企业未来的现金流量造成的影响。

八、所有者权益项目的构成及分析

所有者权益是指企业资产扣除负债后由所有者享有的剩余权益，又称为股东权益。所有者权益的来源包括所有者投入的资产、直接计入所有者权益的利得和损失、留存收益等。

按照现行企业会计准则，企业的所有者权益主要由下列内容构成。

（一）实收资本

实收资本是企业实际收到的投资者投入的资本，分国家资本、法人资本、个人资本和外商资本。

企业财务制度改革中的一项重要内容即是“建立资本金制度”，其实质是从法律上明确设立企业必须有合法投资者的最低限额的入资。

（二）资本公积

资本公积是企业收到投资者的超出其在企业注册资本（或股本）中所占份额的投资，以及直接计入所有者权益的利得和损失等。

资本公积包括资本溢价（或股本溢价）和直接计入所有者权益的利得和损失等。

1. 资本溢价（或股本溢价）

资本溢价（或股本溢价）是企业收到投资者的超出其在企业注册资本（或股本）中所占份额的投资。形成资本溢价（或股本溢价）的原因有溢价发行股票、投资者超额缴入资本等。

2. 直接计入所有者权益的利得和损失

直接计入所有者权益的利得和损失是指不应计入当期损益、会导致所有者权益发生增减变动的、与所有者投入资本或者向所有者分配利润无关的利得或者损失。

直接计入所有者权益的利得和损失主要由以下交易或事项引起，具体见表3-9。

表3-9　引起直接计入所有者权益的利得和损失的交易或事项

序号	交易或事项	具体说明
1	采用权益法核算的长期股权投资	长期股权投资采用权益法核算的，在持股比例不变的情况下，被投资单位除净损益以外所有者权益的其他变动，企业按持股比例计算应享有的份额，如果是利得，应当增加长期股权投资的账面价值，同时增加资本公积（其他资本公积），如果是损失应当减少资本公积
2	以权益结算的股份支付	以权益结算的股份支付换取职工或其他方提供服务的，应按照确定的金额，记入“管理费用”等科目，同时增加资本公积（其他资本公积）
3	可供出售金融资产公允价值的变动	可供出售金融资产公允价值变动形成的利得，除减值损失和外币货币性金融资产形成的汇兑差额外，应相应的增加资本公积
4	金融资产的重分类	将可供出售金融资产重分类为采用成本或摊余成本计量的金融资产，重分类该金融资产的公允价值或账面价值作为成本或摊余成本，该金融资产没有固定到期日的，与该金融资产相关、原直接计入所有者权益的利得或损失，应相应的增加或减少资本公积

（三）库存股

库存股也称库藏股，是指由公司购回而没有注销并由该公司持有的已发行股份。

（四）盈余公积

盈余公积是从净利润中提取的、具有特定用途的资金，包括法定盈余公积、任意盈余公积。

1.盈余公积的含义及种类

盈余公积是指企业按照规定从税后利润中提取的企业留存利润。

（1）法定盈余公积，按税后利润的10%提取（非公司制企业也可按超出10%的比例提取），在此项公积已达注册资本的50%时企业可不再提取。

（2）任意盈余公积（主要是公司制的企业提取此项基金），按股东会决议提取。

2.盈余公积金的主要用途

企业的法定盈余公积和任意盈余公积的用途主要有以下2项。

（1）弥补亏损。企业发生的经营性亏损，企业应主要用自己的经营积累自行弥补。弥补亏损的渠道大体有三，具体如图3-3所示。

渠道一	用以后年度税前利润弥补：按规定，企业发生亏损，可用以后年度实现的会计利润（即利润总额）进行弥补，但弥补期限不得超过5年
渠道二	用以后年度税后利润弥补：超过了税收规定的税前利润弥补期限，未弥补的以前年度亏损可用所得税后利润弥补
渠道三	盈余公积弥补：需股东大会决议批准

图3-3　弥补亏损的渠道

（2）增加资本（或股本）。经股东会议决议，企业可以将盈余公积转增为股本。在转增资本时企业应注意三点，如图3-4所示。

事项一	要先办理增资手续
事项二	要按股东原有股份比例结转，股份有限公司可采用发放新股或增加每股面值的方法增加股本
事项三	法定盈余公积转增股本时，在转增后留存的此项公积应不少于注册资本的25%

图3-4　转增资本的注意事项

（五）未分配利润

未分配利润是企业净利润分配后的剩余部分，即净利润中尚未指定用途的、归还所有者所有的部分。

未分配利润是企业实现的净利润在提取盈余公积和分配利润后的余额。未分配利润是所有者权益的重要组成部分，它钩稽资产负债表与利润表（或利润分配表）。资产负债表中，该项目如为负数，则表示未弥补的亏损。

特别提示 ▶▶▶

在资产负债表上，一般将实收资本、资本公积、盈余公积和未分配利润分别列示。

九、从报表数据看资产质量分析

要从报表数据看企业资产的真实情况，必须要进一步关注资产的质量，进行资产质量分析。

资产质量指资产的变现能力、能被企业在未来进一步利用或与其他资产组合利用给企业未来带来利益的能力。

资产质量的特征有：盈利性、变现性、周转性。

资产质量分析是通过对资产负债表的资产进行分析，了解企业资产质量状况，分析是否存在变现能力受限，如呆滞资产、坏账、抵押、担保等情况，确定各项资产的实际获利能力和变现能力。以资产的账面价值与其变现价值或被进一步利用的潜在价值（可以用资产的可变现净值或公允价值来计量）之间的差异来对资产进行较为准确的衡量。

关注资产的质量的主要项目见表3-10。

表3-10　关注资产质量

序号	主要项目	关注内容
1	货币资金	是否出现大的通货膨胀
2	短期投资	市值是多少
3	应收账款、其他应收款	收回的比率有多大
4	存货	市价是多少、状况如何、数字可靠吗
5	长期投资	可收回金额是多少
6	固定资产	闲置、待报废固定资产，固定资产可否收回
7	在建工程	是否减值
8	无形资产	可收回金额是多少
9	其他资产	有多大

（一）货币资金

货币资金要关注是否大量持有和长期闲置资金。虽然货币资金是与账面值等金额变现的流动性最强的资产，但大量持有而不用于周转和保值增值，若出现通货膨胀，其购买力也会下降而贬值，并且会降低资产的收益率。

（二）短期投资（交易性金融资产）

短期投资的成本和市价也有差距，而且这种差距也比较明显。

（三）应收账款和其他应收款收回的比率

资产负债表中的应收账款和其他应收款虽然在报表上很清楚地照实反映，但现实生活中常常遭遇的就是公司的应收款项长期无法收回，这不但增加了资金占用成本和管理成本（对账、分析、清理等），还可能造成坏账损失。

（四）存货

存货的市价是多少？存货的状况如何？其数字可靠吗？这些问题也是值得关注的。存货所反映的价值是历史成本，而存货的市价是会变动的。在有些企业的资产负债表中存货含有大量的水分，如存货贬值或存货账实不符等。部分长期积压存货，以及因所生产的产品价格大幅度降低耗用的材料等，这一部分存货需要根据其未来变现能力提取存货跌价准备，形成预计损失。

为了保证报表的数字是真实的，按照会计规则要求，财务人员要每年定期对存货进行全面盘点，如果实际数字和账面数字不一致，那么要调账调表，直到表上数字和实际数字一致。现实生活中由于种种原因，最后大家可能就忽视了对存货的盘点，此时存货数字的真实性就值得考虑。

（五）长期投资

企业长期投资当中很有可能相当一部分无法收回，如果企业账上不转销，表上不反映，这些无法收回的部分就是资产负债表中资产存在“水分”的地方。

（六）固定资产

固定资产反映的是企业的设备和技术水平。一个企业固定资产的质量主要体现在其被进一步利用的质量上。如闲置、待报废固定资产，固定资产可否收回？企业的大部分固定资产都应该而且必须通过经营运用的方式实现增值。

（七）在建工程

要关注在建工程是否存在减值。

（八）无形资产

无形资产如土地、专利技术要分析其是否过时贬值。

（九）其他资产

此外，一些账面上未体现净值，但可以增值实现的“表外资产”，那些因会计处理的原因或计量手段的限制而未能在资产负债表中体现净值，但可以为企业在未来做出贡献的资产项目也应予以关注，主要包括以下3方面。

（1）已经提足折旧，但是企业仍然继续使用的固定资产。

（2）企业正在使用的，但是已经作为低值易耗品一次摊销到费用中去、资产负债表中没有体现价值的资产，如工具用具。

（3）已经成功地研究和部分已经列入费用的开发项目的成果。

由于企业资产负债表中资产是含有水分的，因此新的会计制度规定，应该对八项资产进行减值准备。比如说短期投资要计提投资跌价准备，应收账款和其他应收款要计提坏账准备，存货、固定资产、长期投资、在建工程、无形资产、委托贷款也要计提减值准备。如何计提减值准备，会计人员需要认真地研究，而作为公司的老板，也应该弄清这一常识。

相关链接

八项资产减值准备

八项资产减值准备包括短期投资跌价准备、坏账损失准备、存货跌价准备、长期投资减值准备、固定资产减值准备、无形资产减值准备、在建工程减值准备、委托贷款减值准备。

一、短期投资跌价准备

减值准备企业在期末对各项短期投资进行全面检查时，要按成本与市价孰低法（成本与市价孰低法是指对期末按照成本与市价两者之中较低者进行计价的方法）计量，将市价低于成本的金额确认为当期投资损失，并计提短期投资跌价准备。

二、坏账损失准备

企业在期末分析各项应收款项的可收回性时，预计可能产生的坏账损失，并对可能发生的坏账损失计提坏账准备。计提的方法由企业自行确定。

三、存货跌价准备

企业在期末对存货进行全面清查时，如由于存货毁损、全部或部分陈旧过时或销售价格低于成本等原因，使存货成本高于可变现净值（可变现净值是指在正常生产经营过程中，以估计售价减去估计完工成本及销售所必须的估计费用后的价值)，应按可变现净值低于存货成本部分，计提存货跌价准备。

四、长期投资减值准备

企业应对长期投资的账面价值定期地逐项进行检查。如果由于市价持续下跌或被投资单位经营状况变化等原因导致其可收回金额低于投资的账面价值，应将可收回金额（可收回金额是指投资的出售净价与预期从该资产的持有和投资到期处置中形成的预计未来现金流量的现值两者之中较高者，其中，出售净价是指资产的出售价格减去所发生的资产处置费用后的余额）低于长期投资账面价值发生的损失，计提长期投资减值准备。

五、固定资产减值准备

企业应当在期末对固定资产逐项进行检查，如果由于技术陈旧、损坏、长期闲置等原因，导致其可收回金额（可收回金额是指资产的销售净价与预期从该资产的持续使用和使用寿命结束时的处置中形成的预计未来现金流量的现值两者之中的较高者）低于其账面价值的，对可收回金额低于账面价值的差额，应当计提固定资产减值准备。

六、无形资产减值准备

企业应定期对无形资产的账面价值进行检查，至少于每年年末检查一次，并对无形资产的可收回金额（同上）进行估计，将无形资产的账面价值超过可收回金额的部分确认为减值准备，对可收回金额低于账面价值的差额，应当计提无形资产减值准备。

七、在建工程减值准备

企业在建工程预计发生减值时，如长期停建并且预计在3年内不会重新开工的在建工程，按照账面价值与可收回金额（同上）孰低计量，对可收回金额低于账面价值的差额，应当计提在建工程减值准备

八、委托贷款减值准备

企业应当对委托贷款本金进行定期检查，并按委托贷款本金与可收回金额（同上）孰低计量，可收回金额低于委托贷款本金的差额，应当计提减值准备。

十、资产负债表外的经济资源

在读资产负债表时，请注意，并不是企业所有的经济资源都能够反映在资产负债表上。资产负债表是企业在某一时点经济状况的快照，它反映企业在特定时点拥有多少资产、负债和股东权益。

从企业的经济资源来说，并不是百分之百的资产都能够在资产负债表中反映出来。比如企业的商誉或自有商标，也属于无形资产，但是在资产负债表中，按照会计的规则是不能反映的。有很多著名的企业，企业名称本身就很值钱，可是在企业的账上，在它的资产负债表上肯定不会存在这样的数字。一个企业优秀的管理队伍、优秀的管理水平也是企业很看重的资源，而这部分资源也不可能反映到资产负债表中。

同时也要关注负债，因为并不是企业所有的负债都能在资产负债表上反映出来。资产负债表上所反映的负债只是现在已经存在的负债，或者叫现实的债务，而潜在的风险和债务，在资产负债表中是无法反映的。潜在的负债体现在资产负债表的报表附注中，作为老板的你，可以要求编表人对其进行详细的解释。

第四章

读懂现金流量表

引言

现金对于一个健康的财务机体来说，就像血液对于人体一样。血液只有流动起来人体才能健康，同样现金要具有流动性，企业才有生命力。作为一个老板只有读懂现金流量表，才能了解企业支付能力、偿还能力和周转能力，预测企业未来现金流量。

第一节　现金流量表概述

一、现金流量表及其含义

（一）什么是现金流量表

现金流量表是指反映企业在一定会计期间现金和现金等价物流入和流出的报表。

从编制原则上看，现金流量表按照收付实现制原则编制，将权责发生制下的盈利信息调整为收付实现制下的现金流量信息，便于信息使用者了解企业净利润的质量。

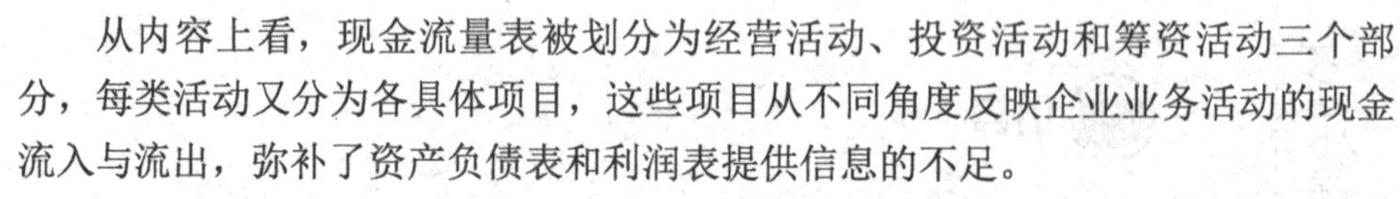

从内容上看，现金流量表被划分为经营活动、投资活动和筹资活动三个部分，每类活动又分为各具体项目，这些项目从不同角度反映企业业务活动的现金流入与流出，弥补了资产负债表和利润表提供信息的不足。

通过现金流量表，报表使用者能够了解现金流量的影响因素，评价企业的支付能力、偿债能力和周转能力，预测企业未来现金流量，为其决策提供有力依据。

（二）什么是现金

现金是指库存现金、可以随时用于支付的存款、其他货币资金和现金等价物。但需要注意的是现金流量中涉及的现金一般由以下4部分组成，除非同时提及现金等价物。

1.库存现金

库存现金是指企业持有可随时用于支付的现金，即与会计核算中“现金”账户所包括的内容一致。

2.随时用于支付的存款

（1）随时用于支付的存款是指企业存在银行或其他金融机构，随时可以用于支付的存款，包括企业的银行存款等可以随时用于支付的部分。

（2）质押、冻结的活期存款不能随时用于支付，故不能包括在现金流量表中的现金概念中。即：随时用于支付的存款≠活期存款。

如果存在银行或其他金融机构的款项中不能随时用于支付，如不能随时支取的定期存款，不应作为现金流量表中的现金，但提前通知银行或其他金融机构便可支取的定期存款，则包括在现金流量表中的现金概念中。

3. 其他货币资金

其他货币资金包括外埠存款、银行汇票存款、银行本票存款、信用证存款、在途货币资金、存出投资款。

4. 现金等价物

现金等价物是指企业持有的期限短、流动性强、易于转换为已知金额现金、价值变动风险很小的投资。

现金等价物的期限短，一般是指从购买日起三个月内到期。

现金等价物通常包括三个月内到期的、可上市流通、转让或随时兑现债券投资。

权益性投资变现的金额通常不确定，因而不属于现金等价物。企业应当根据具体情况，确定现金等价物的范围，一经确定不得随意变更。

现金等价物虽然不是现金，但其支付能力与现金的差别不大，可视为现金。

二、现金流量及其分类

（一）什么是现金流量

现金流量是企业现金流动的金额数量，是对企业现金流入量和流出量的总称，如图4-1所示。

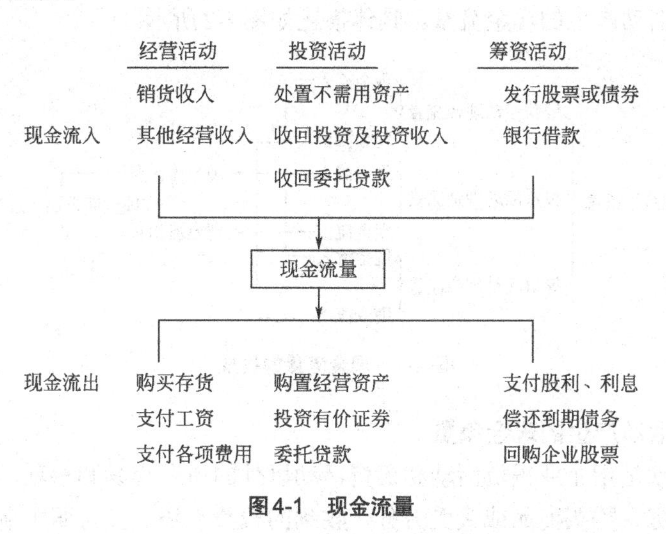

图4-1　现金流量

1. 现金流入量

现金流入量是指企业在一定时期内从各种经济业务中收进现金的数量。如销售商品提供劳务收到的现金、吸收投资收到的现金、借款收到的现金等。

2.现金流出量

现金流出量是指企业在一定时期内为各种经济业务付出现金的数量。企业接受劳务、购置固定资产、偿还借款、对外投资等，都会使企业现金减少，这些减少的现金数量就是现金流出量。

3.现金流量净额

现金流入量减去现金流出量的差额，叫做现金流量净额，也叫净现金流量或现金净流量。

现金流量净额=现金流入量−现金流出量

其中，流量即发生额，针对于存量来说的；流入量为增加发生额；流出量为减少发生额。

（二）现金流量的构成

现金净流量=经营活动的现金净流量+投资活动的现金净流量+筹资活动的现金净流量=（经营活动的现金流入量−经营活动的现金流出量）+（投资活动的现金流入量−投资活动的现金流出量）+（筹资活动的现金流入量−筹资活动的现金流出量）

（三）现金流量的分类

现金流量可以分为三类，即经营活动产生的现金流量、投资活动产生的现金流量和筹资活动产生的现金流量。具体描述如图4-2所示。

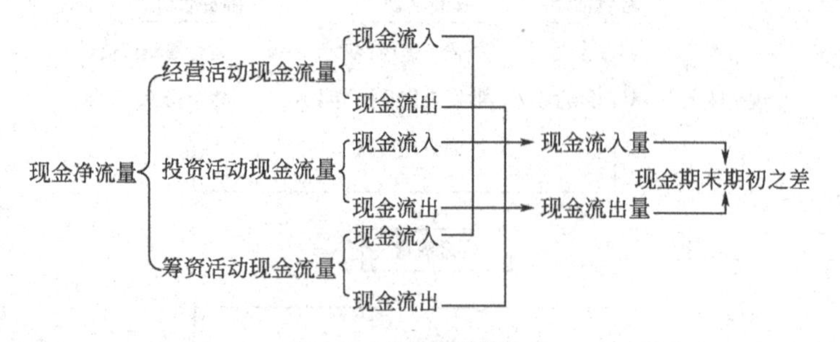

图4-2　现金流量的构成

1.经营活动产生的现金流量

经营活动是指企业投资活动和筹资活动以外的所有交易和事项，包括销售商品或提供劳务、购买商品或接受劳务、收到的税费返还、支付职工薪酬、支付的各项税费、支付广告费用等。

2.投资活动产生的现金流量

投资活动是指企业长期资产的购建和不包括在现金等价物范围内的投资及其

处置活动，包括取得和收回投资、购建和处置固定资产、购买和处置无形资产等。

企业固定资产报废或出售固定资产所获得现金收入以及与之相关而发生的现金流出，应列入投资活动产生的现金流量。

3.筹资活动产生的现金流量

筹资活动是指导致企业资本及债务规模和构成发生变化的活动，包括发行股票或接受投入资本、分派现金股利、取得和偿还银行借款、发行和偿还公司债券等。

其中资本包括实收资本（股本）、资本溢价（股本溢价）；债务指企业对外举债所借入款项，如发行债券、向金融企业借入款项及偿还债务等。

企业支付的作为财务费用核算的借款利息支出，应列为筹资活动的现金流量。

详细内容见表4-1。

表4-1　现金流量的类型

种类	说明	流入项目	流出项目
经营活动现金流量	即企业投资活动和筹资活动以外的所有交易和事项引起的现金流量	（1）销售商品、提供劳务收到的现金 （2）收到的税费返还 （3）收到其他与经营活动有关的现金	（1）购买商品、接受劳务支付的现金 （2）支付给员工以及为员工支付的现金 （3）支付的各项税费 （4）支付其他与经营活动有关的现金
投资活动现金流量	即企业长期资产的购建和不包括在现金等价物范围的投资及其处置活动引起的现金流量	（1）收回投资收到的现金 （2）取得投资收益收到的现金 （3）处置固定资产、无形资产和其他长期资产收回的现金净额 （4）处置子公司及其他营业单位收到的现金净额 （5）收到其他与投资活动有关的现金，如投资人未按期缴纳股权的罚款现金收入等	（1）购建固定资产、无形资产和其他长期资产支付的现金 （2）投资支付的现金 （3）取得子公司及其他营业单位支付的现金净额 （4）支付其他与投资活动有关的现金
筹资活动现金流量	即导致企业资本及债务规模和构成发生变化的活动引起的现金流量	（1）吸收投资收到的现金 （2）取得借款收到的现金 （3）收到其他与筹资活动有关的现金	（1）偿还债务支付的现金 （2）分配股利、利润或偿付利息支付的现金 （3）支付其他与筹资活动有关的现金

提醒您

不涉及现金流量的三类活动如下。

经营活动：各种摊销性费用、应计性费用。

投资活动：用非货币对外投资，债转股、股权互换。

筹资活动：债务转股权、非货币入资；非货币还债。

（四）现金流量的计算方法

1.直接法

直接法是指通过现金流入和支出的主要类别直接反映来自企业经营活动的现金流量的报告方法。

采用直接法报告现金流量，可以揭示企业经营活动现金流量的来源和用途，有助于预测企业未来的现金流量。直接法在现金流量表主表中反映。

2.间接法

间接法是在企业当期取得的净利润的基础上，通过有关项目的调整，从而确定出经营活动的现金流量。

采用间接法报告现金流量，可以揭示净收益与净现金流量的差别，有利于分析收益的质量和企业的营运资金管理状况。间接法在现金流量表补充资料中反映。

将“净利润”调整成为“经营活动现金净额”，需要进行以下四类调整计算，如图4-3如示。

调整一	扣除非经营活动的损益（筹资和投资活动的损益）：处置固定资产、无形资产、其他长期资产的损失；固定资产报废损失、公允价值的变动损失；财务费用；投资损失（减：收益额） 净利润扣除“非经营活动损益”后，得出的是“经营活动净损益”
调整二	加上不支付经营资产的费用：计提的减值准备；计提固定资产折旧；无形资产摊销；长期待摊费用摊销；待摊费用减少；预提费用增加 这六种费用已在计算利润时扣除，但没有在本期支付现金，将其加回去，得出“经营活动应得现金”
调整三	加上非现金流动资产减少：存货减少（减：增加额）；经营性应收项目减少，包括应收票据减少（减：增加额）、应收账款减少（减：增加额）、预付账款减少（减：增加额）、其他应收款减少（减：增加额）
调整四	加上经营性应付项目增加：包括应付票据增加（减：减少额）、应付账款增加（减：减少额）、其他应付款增加（减：减少额）、应付薪酬增加（减：减少额）、应交税金增加（减：减少额），以及递延税款贷项（该项目的性质比较特殊，也可列作非经营损益）

图4-3　四类调整计算

三、现金流量表结构与格式

（一）现金流量表的结构

现金流量表的结构如下。

（1）表首。

（2）正表。上下报告式；内容有五个部分。

（3）补充资料：将净利润调节为经营活动的现金流量；不涉及现金收支的投资和筹资活动；现金及现金等价物净增加额。

（二）现金流量表格式

现金流量表格式分别一般企业、商业银行、保险公司、证券公司等企业类型予以规定。企业应当根据其经营活动的性质，确定本企业适用的现金流量表格式。

现金流量表格式见表4-2、表4-3。

表4-2　现金流量表

编制企业：　　　　　　　　　　年　月　日　　　　　　　　　　单位：元

项目	行次	金额
一、经营活动产生的现金流量	1	
销售商品、提供劳务收到的现金	2	
收到的税费返还	3	
收到的其他与经营活动有关的资金	4	
现金流入小计	5	
购买商品、接受劳务支付的现金	6	
支付给职工以及未支付的现金	7	
支付的各项税费	8	
支付的其他与经营活动有关的现金	9	
现金流出小计	10	
经营活动产生的现金流量净额	11	
二、投资活动产生的现金流量	12	
收回投资所收到的现金	13	
取得投资收益所收到的现金	14	
处置固定资产、无形资产和其他长期资产所收到的现金净额	15	

续表

项目	行次	金额
收到的其他与投资活动有关的现金	16	
现金流入小计	17	
购建固定资产、无形资产和其他资产所支付的现金	18	
投资所支付的现金	19	
支付的其他与投资活动有关的现金	20	
现金流出小计	21	
投资活动产生的现金流量净额	22	
三、筹资活动所产生的现金流量	23	
吸收投资所收到的资金	24	
借款所收到的现金	25	
收到的其他与筹资活动有关的现金	26	
现金流入小计	27	
偿还债务所支付的现金	28	
分配股利、利润或偿付利息所支付的现金	29	
支付的其他与筹资活动有关的现金	30	
现金流出小计	31	
筹资活动产生的现金流量净额	32	
四、汇率变动对现金的影响	33	
五、现金及现金等价物净增加额	34	
补充资料	35	
1.将净利润调节为经营活动现金流量	36	
净利润	37	
加：计提的坏账准备或转销的坏账	38	
固定资产折旧	39	
无形资产摊销	40	
待摊费用减少（减：增加额）	41	
预提费用增加（减：减少额）	42	
处置固定资产、无形资产和其他长期资产的损失（减：收益额）	43	
固定资产报废损失	44	
财务费用	45	
投资损失（减：收益额）	46	

续表

项目	行次	金额
递延税款贷项（减：借项额）	47	
存货的减少（减：增加额）	48	
经营性应收项目的减少（减：增加额）	49	
经营性应付项目的增加（减：减少额）	50	
其他	51	
经营活动产生的现金流量净额	52	
2.不涉及现金收支的投资和筹资活动	53	
以固定资产偿还债务	54	
以投资偿还债务	55	
以固定资产进行投资	56	
以存货偿还债务	57	
3.现金及现金等价物净增加情况	58	
现金期末余额	59	
减：现金的期初余额	60	
加：现金等价物期末余额	61	
减：现金等价物期初余额	62	
现金及现金等价物净增加额	63	

表4-3 现金流量表补充资料

项目	本年金额	上年金额
1.将净利润调节为经营活动现金流量：		
净利润		
加：资产减值准备		
固定资产折旧、油气资产折耗、生产性生物资产折旧		
无形资产摊销		
长期待摊费用摊销		
处置固定资产、无形资产和其他长期资产的损失（收益以“－”负号填列）		
固定资产报废损失（收益以“－”负号填列）		
公允价值变动损失（收益以“－”号填列）		
财务费用（收益以“－”号填列）		

续表

项目	本年金额	上年金额
投资损失（收益以“－”号填列）		
递延所得税资产减少（增加以“－”号填列）		
递延所得税负债增加（减少以“－”号填列）		
存货的减少（增加以“－”号填列）		
经营性应收项目的减少（增加以“－”号填列）		
经营性应付项目的增加（减少以“－”号填列）		
其他		
经营活动产生的现金流量净额		
2.不涉及现金收支的重大投资和筹资活动：		
债务转为资本		
1年内到期的可转换公司债券		
融资租入固定资产		
3.现金及现金等价物净变动情况：		
现金的期末余额		
减：现金的期初余额		
加：现金等价物的期末余额		
减：现金等价物的期初余额		
现金及现金等价物净增加额		

四、现金流量表的作用

（一）提供筹资方面的信息

企业筹资能力的大小及其筹资环境是债权人和投资者共同关心的问题。

筹资活动现金流量信息，不仅关系到企业目前现金流量的多少，而且还关系到企业未来现金流量的大小，以及企业资本结构和资金成本等问题。

现行的现金流量表中的筹资活动现金流量，既包括所有者权益性筹资的现金流入量和流出量，又包括债务性筹资的现金流入量和流出量。

分析者在分析时，不能仅仅看筹资活动产生的现金净流量是正，还是负，更应注意筹资活动现金流量是由权益性筹资引起的，还是债务性筹资活动引起的。

（二）提供投资方面的信息

企业对外投资情况及其效果也是投资者和债权人共同关心的问题。

投资收益质量的好坏，即投资收益收现比例的大小，也直接关系到投资人和债权人的经济利益能否实现。现金流量表中的投资活动所产生的现金流量信息，帮助投资人和债权人对企业投资活动及其效益进行评价。

（三）提供与企业战略有关的信息

对投资活动产生的现金流量的分析，可以先从投资活动现金净流量开始。如果投资活动现金净流量是正值，除了收到的是利息收入及债权性投资的收回外，收到的现金主要是由于固定资产、无形资产等投资活动所产生的，则说明企业有可能处于转轨阶段，或有可能调整其经营战略等。

若投资活动现金净流量为负值，而且主要是由于非债权性投资活动所引起的，则说明企业可能处于扩张阶段，应注意分析其投资方向及投资风险。

（四）提供纳税方面的信息

现金流量表对企业纳税信息的披露较为充分。使用者可以分析与了解以下信息。

（1）企业实际纳税占全部应纳税的百分比，了解企业实际缴纳税金情况。

（2）通过将纳税现金流量与企业经营活动产生的现金净流量相比较，可以分析与了解企业经营活动所产生的现金净流量能否满足纳税的需要。

（五）提供有关资产管理效率方面的信息

分析者可以通过对企业经营活动产生的现金流量进行分析，结合比较资产负债表中有关存货、应收账款等项目的增减变动情况，并分析现金流量表附注中的有关内容，判断企业应收账款管理效率和存货管理效率。

（六）对未来现金流量的预测

分析者在分析时，尤其应注意对现金流量表附注所披露的与现金流量没有关系的投资及筹资活动的分析，这些活动有利于信息使用者评价企业未来的现金流量。

对企业未来现金流量的分析，可以从以下三个方面着手，具体内容如图4-4所示。

内容一
（1）分析企业经营性应收项目及其所占销售收入比例的变动情况
（2）应收项目增加或减少
（3）应收项目及其所占销售收入的比例大小

内容二
（1）分析经营性应付项目及其所占销售收入比例的变化情况
（2）应付项目增加或减少
（3）应付项目及其所占销售收入的比例大小

内容三
其他如对投资支出、筹资增加和股利政策等进行分析，同样可以预测企业未来的现金流量情况

图4-4　未来现金流量的分析

（七）有关企业分配方面的信息

有关企业分配方面的信息主要是指利息和现金股利的支付方面的信息，实质上是指企业支付能力的分析。

股东所追求的是以现金形式表现的投资回报，而不是用货币计量的账面利润。

第二节　阅读现金流量表

一、经营活动产生的现金流量分析

经营活动是指企业投资活动和筹资活动以外的所有交易和事项，包括购买商品、接受劳务、制造产品、广告宣传、进行推销、交纳税款、销售商品、提供劳务、经营租赁等业务。

现金流量表中的经营活动产生的现金流量，代表企业运用其经济资源创造现金流量的能力，便于分析一定期间内产生的净利润与经营活动产生现金流量的差异。

（一）经营活动现金流入分析

1.销售商品、提供劳务收到的现金

“销售商品、提供劳务收到的现金”项目，反映企业本期销售商品、提供劳务收到的现金，以及前期销售商品、提供劳务本期收到的现金（包括销售收入和应向购买者收取的增值税销项税额）和本期预收的款项，减去本期销售本期退回商品和前期销售本期退回商品支付的现金。企业销售材料和代购代销业务收到的现金，也在本项目反映。

（1）销售收现率的公式。销售收现率的计算公式如下：

$$\text{销售收现率}=\frac{\text{销售商品、提供劳务收到的现金}}{\text{主营业务收入}}\times 100\%$$

（2）销售收现率的意义。该比率反映了企业的收入质量，一般来讲，该比率越高收入质量越高。

当比值小于1.17时，说明本期的收入有一部分没有收到现金。

当比值大于1.17时，说明本期的收入不仅全部收到了现金，而且还收回了以前期间的应收款项或预收账款增加。

如果比值很小，则企业的经营管理肯定存在问题，企业可能存在比较严重的虚盈实亏。

（3）诊断财务报表的内在逻辑。“销售商品、提供劳务收到的现金”与资产负债表和利润表有关项目之间存在着钩稽关系，将这个勾稽关系用公式表示出来，分析者可以用来诊断财务报表的内在逻辑是否合理。

勾稽公式如下：

销售商品、提供劳务收到的现金＝主营业务收入＋收到的增值税销项税额＋应收账款、应收票据的减少（减去交易对方以非现金资产清偿债务而减少的经营性应收项目）＋预收账款的增加

交易对方以非现金资产清偿债务而减少的经营性应收项目＝主营业务收入＋收到的增值税销项税额＋应收账款、应收票据的减少＋预收账款的增加－销售商品、提供劳务收到的现金

这个公式为深入分析收入和应收款项的异动提供了线索。

正常情况下，交易对方以非现金资产清偿债务的比例不应是一个很大的数目，如果出现该项目的测算金额很大，则表明可能存在以下4种异动情况，具体情况如图4-5所示。

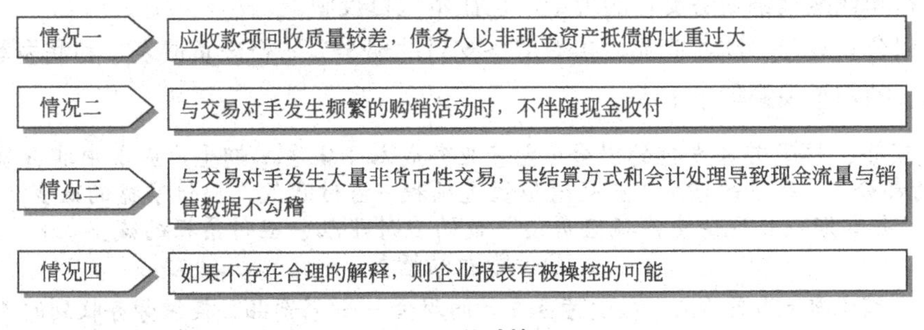

图4-5　异动情况

2.收到的税费返还

“收到的税费返还”项目，反映企业收到返还的所得税、增值税、营业税、消费税、关税和教育费附加等各种税费返还款。

收到的税费返还=收到的增值税的返还+收到的消费税、营业税、
教育费附加的返还+收到的所得税的返还

利润表中的“补贴收入”项目，仅反映企业取得的各种补贴收入以及退回的增值税等。

退回的所得税，冲减“所得税”项目。

退回的消费税、营业税等，冲减“主营业务税金及附加”项目。

因此，必须将利润表中的“补贴收入”项目与现金流量表中的“收到的税费返还”项目联系起来分析，从而判断一个企业实际接受政府的补贴情况。

3.收到的其他与经营活动有关的现金

“收到其他与经营活动有关的现金”项目，反映企业经营租赁收到的租金等其他与经营活动有关的现金流入，金额较大的应当单独列示。公式如下：

收到的其他与经营活动有关的现金=营业外收入（罚款收入）+
其他业务收入（经营租赁租金收入）+
补贴收入（不包括增值税的返还）+其他应付款的增加

收到的其他与经营活动有关的现金异动倍数=
收到的其他与经营活动有关的现金÷销售商品、提供劳务收到的现金

该指标的倍数越高，则说明公司的经营活动现金流入的异动程度越高。

（二）经营活动现金流出分析

1.购买商品、接受劳务支付的现金

“购买商品、接受劳务支付的现金”项目，反映企业本期购买商品、接受劳务实际支付的现金（包括增值税进项税额），以及本期支付前期购买商品、接受劳务的未付款项和本期预付款项，减去本期发生的购货退回收到的现金。企业购买材料和代购代销业务支付的现金，也在本项目反映。

用公式表示“购买商品、接受劳务支付的现金”与资产负债表、利润表等各类报表的勾稽关系如下：

购买商品、接受劳务支付的现金=主营业务成本（减去本期生产成本中非存货转化的部分）+存货的增加+应交增值税进项税+应付账款、应付票据的减少（减去本期以非现金资产抵偿负债导致的应付账款、应付票据的减少）+
预付账款的增加

现金购销比率=购买商品、接受劳务支付的现金÷销售商品、提供劳务收到的现金

在一般情况下，这一比率应接近于商品销售成本率。

如果购销比率不正常，可能有以下2种情况。

（1）购进了呆滞积压商品。

（2）经营业务萎缩。

两种情况都会对企业产生不利影响。

2. 支付给职工以及为职工支付的现金

“支付给职工以及为职工支付的现金”项目，反映企业本期实际支付给职工的工资、奖金、各种津贴和补贴等职工薪酬（包括代扣代缴的职工个人所得税）。

支付给职工以及为职工支付的现金=应付职工薪酬借方发生额（不包括支付给在建工程人员的薪酬）。

该项目提供的信息是资产负债表和利润表所不能替代的。

该项目数据应结合公司职工人数、资产负债表中的应付职工薪酬等信息进行分析，从而判断应付职工薪酬是否正常。公式如下：

支付给职工以及为职工支付的现金比率=支付给职工以及为职工支付的现金÷销售商品、提供劳务收到的现金

这一比率可以与企业过去的或同行业的情况进行比较：如比率过大，可能是人力资源有浪费，劳动效率下降，或者由于分配政策失控，职工收益分配的比例过大；如比率过小，反映职工的收益偏低。

提醒您 

本项目不包括企业支付给离退休人员的各项费用和支付给在建工程人员的工资。前者包括在“支付的其他与经营活动有关的现金”中，后者包括在“购建固定资产、无形资产和其他长期资产所支付的现金”中。

3. 支付的各项税费

“支付的各项税费”项目，反映企业本期发生并支付、以前各期发生本期支付以及预交的各项税费，包括所得税、增值税、营业税、消费税、印花税、房产税、土地增值税、车船使用税、教育费附加等。公式如下：

支付的各项税费=营业税金及附加+所得税费用+（销售项税—进项税）—应交税费的增加+管理费用（房产税、车船使用税、土地增值税、印花税）

支付的增值税=（销售项税—进项税）—应交增值税的增加

支付的所得税=所得税—应交所得税的增加

提醒您 

各项税费不包括与投资活动有关的税金支出，如支付的耕地占用税。

4.支付的其他与经营活动有关的现金

“支付其他与经营活动有关的现金”项目，反映企业经营租赁支付的租金、支付的差旅费、业务招待费、保险费、罚款支出等其他与经营活动有关的现金流出，金额较大的应当单独列示。

从经营活动的角度讲，支付的其他与经营活动有关的现金主要与利润表中管理费用、营业费用相勾稽，可以用公式表示如下：

支付的其他与经营活动有关的现金=营业费用+管理费用−计入营业费用和管理费用的非付现项目（包括折旧、摊销、应付工资与应付福利费、坏账准备等）+其他业务支出（经营租赁费用）+营业外支出（罚款支出）+其他应收款的增加

（三）比较分析

（1）将销售商品、提供劳务收到的现金与购进商品、接受劳务付出的现金进行比较。在企业经营正常、购销平衡的情况下，二者比较是有意义的。比率大，说明企业的销售利润大，销售回款良好，创现能力强。

（2）将销售商品、提供劳务收到的现金与经营活动流入的现金总额比较，可大致说明企业产品销售现款占经营活动流入的现金的比重有多大。比重大，说明企业主营业务突出，营销状况良好。

（3）将本期经营活动现金净流量与上期比较，增长率越高，说明企业成长性越好。

二、投资活动产生的现金流量分析

投资活动是指企业长期资产的购建和不包括在现金等价物范围内的投资及其处置活动（包括在现金等价物范围内的投资意即用现金购3个月以内的债券）。

（一）投资活动的现金流入分析

投资活动的现金流入分析有以下5项。

1.收回投资所收到的现金

“收回投资收到的现金”项目，反映企业出售、转让或到期收回除现金等价物以外的对其他企业的权益工具、债务工具和合营中的权益。公式如下：

收回投资所收到的现金=（短期投资期初数−短期投资期末数）+（长期股权投资期初数−长期股权投资期末数）+（长期债权投资期初数−长期债权投资期末数）

该公式中，如期初数小于期末数，则在投资所支付的现金项目中核算。

反映报告期内出售、转让或到期收回除现金等价物以外的权益工具、债务工

具和合营中权益等投资收到的现金。

收回债务工具实现的投资收益、处置子公司及其他营业单位收到的现金净额不包括在本项目内。

权益性投资按实收金额反映，债权性投资仅反映本金，利息单独反映。例如，某股票成本为20万元，如卖18万元，则该项目为18万元；如卖26万元，则该项目为26万元。

2.取得投资收益所收到的现金

“取得投资收益收到的现金”项目，反映企业除现金等价物以外的对其他企业的权益工具、债务工具和合营中的权益投资分回的现金股利和利息等。公式如下：

取得投资收益所收到的现金=利润表投资收益—（应收利息期末数—应收利息期初数）—（应收股利期末数—应收股利期初数）

反映企业因股权投资而取得的现金股利、因债券投资取得的利息，以及从子公司、联营公司和合营公司分回利润收到的现金。

注意：取得的股票股利不包括在本项目内。

3.处置固定资产、无形资产和其他长期资产而收到的现金净额

“处置固定资产、无形资产和其他长期资产收回的现金净额”项目，反映企业出售、报废固定资产、无形资产和其他长期资产所取得的现金（包括因资产毁损而收到的保险赔偿收入），减去为处置这些资产而支付的有关费用后的净额。公式如下：

处置固定资产、无形资产和其他长期资产而收到的现金净额=“固定资产清理”的贷方余额—（无形资产期末数—无形资产期初数）—（其他长期资产期末数—其他长期资产期初数）

反映企业在报告期内处置固定资产、无形资产及其他长期资产时因取得价款收入、保险赔偿收入等而收到的现金扣除与之相关的现金支出后的净额。由于自然灾害所造成的固定资产等长期资产损失而收到的保险赔款收入，也在本项目中反映。

注意：如净额为负数，则不在本项目内反映（应在流出项反映）。

4.处置子公司及其他营业单位收到的现金净额

“处置子公司及其他营业单位收到的现金净额”项目，反映企业处置子公司及其他营业单位所取得的现金减去相关处置费用，以及子公司及其他营业单位持有的现金和现金等价物后的净额。

5.收到的其他与投资活动有关的现金

反映企业除上述各项目外，收到的其他与投资活动有关的现金流入。如收回融资租赁设备本金、已宣告发放的股利、到期未收取的利息，如价值较大，应单列项目反映。

（二）投资活动的现金流出分析

1.购建固定资产、无形资产和其他长期资产所支付的现金

"购建固定资产、无形资产和其他长期资产支付的现金"项目，反映企业购买、建造固定资产、取得无形资产和其他长期资产所支付的现金（含增值税款等），以及用现金支付的应由在建工程和无形资产负担的职工薪酬。公式如下：

购建固定资产、无形资产和其他长期资产所支付的现金=（在建工程期末数—在建工程期初数）（剔除利息）+（固定资产期末数—固定资产期初数）+（无形资产期末数—无形资产期初数）+（其他长期资产期末数—其他长期资产期初数）

上述公式中，如期末数小于期初数，则在处置固定资产、无形资产和其他长期资产所收回的现金净额项目中核算。

购固定资产：含价款、运杂费及增值税等。

在建工程：包括工程款、工人工资等。

无形资产：购入与自创实际发生的现金支出。

此项目中不包括融资租入固定资产所支付的租金，因融资租入所支付的租金属筹资活动的现金流出。

2.投资所支付的现金

"投资支付的现金"项目，反映企业取得除现金等价物以外的对其他企业的权益工具、债务工具和合营中的权益所支付的现金以及支付的佣金、手续费等附加费用。

包括现金等价物以外的权益性投资和债权性投资所支付的现金（价款、佣金和手续费）。含可供出售的金融资产（如短期股票投资、短期债券投资）、长期股权投资、长期债权投资、合营中的权益投资。

3.取得子公司及其他营业单位支付的现金净额

"取得子公司及其他营业单位支付的现金净额"项目，反映企业购买子公司及其他营业单位购买出价中以现金支付的部分，减去子公司及其他营业单位持有的现金和现金等价物后的净额。

实例

企业购买子公司，出价150万元，全部以银行存款转账支付，该子公司有15万元的现金及银行存款，没有现金等价物。要求计算“取得子公司及其他营业单位支付的现金净额”项目。

现金净额=150 — 15=135（万元）。

4.支付的其他与投资活动有关的现金

“收到其他与投资活动有关的现金”、“支付其他与投资活动有关的现金”项目，反映企业除上述项目外收到或支付的其他与投资活动有关的现金流入或流出，金额较大的应当单独列示。

购买股票或债券时，实际支付的价款中包含已宣告但尚未领取的现金股利或已到付息期但尚未领取的债券利息。如投资未按期到位罚款。

提醒您

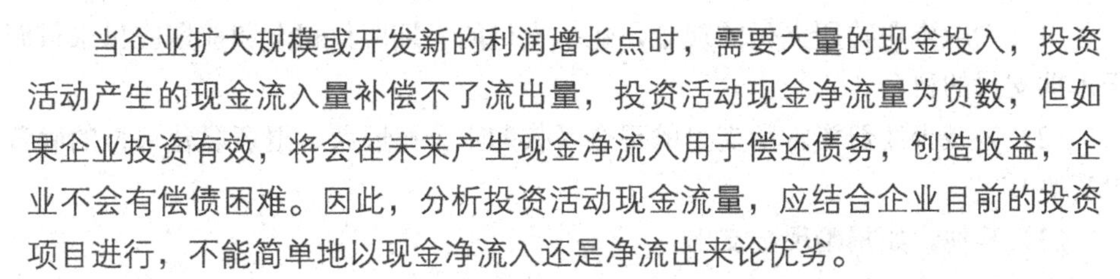

当企业扩大规模或开发新的利润增长点时，需要大量的现金投入，投资活动产生的现金流入量补偿不了流出量，投资活动现金净流量为负数，但如果企业投资有效，将会在未来产生现金净流入用于偿还债务，创造收益，企业不会有偿债困难。因此，分析投资活动现金流量，应结合企业目前的投资项目进行，不能简单地以现金净流入还是净流出来论优劣。

三、筹资活动产生的现金流量

（1）筹资活动是指导致企业资本及债务规模和构成发生变化的活动。

（2）资本包括实收资本与资本溢价（或股本与股本溢价）。

（3）债务是指对外举债所借入的款项，如发行债券、向金融企业借入款项以及偿还债务。

（一）筹资活动现金流入项目分析

筹资活动现金流入项目分析有以下3项。

1.吸收投资所收到的现金

“吸收投资收到的现金”项目，反映企业以发行股票、债券等方式筹集资金实际收到的款项，减去直接支付给金融企业的佣金、手续费、宣传费、咨询费、印刷费等发行费用后的净额。不管是溢价还是面值发行，均为扣发行费后的净额。

2.借款所收到的现金

借款所收到的现金包括短期借款、长期借款。

3.收到的其他与筹资活动有关的现金

收到的其他与筹资活动有关的现金如接受捐赠的现金、如投资人未按期缴纳股权的罚款现金收入。

（二）筹资活动现金流出项目分析

筹资活动现金流出项目分析有以下3项。

1.偿还债务所支付的现金

含归还金融企业借款本金、偿付企业到期债券本金，均不包括利息。

2.分配股利、利润或偿付利息所支付的现金

包括本期付本期或前期的股利与利润，包括支付的借款利息、债券利息（可能在在建工程或财务费用科目中核算）。

3.支付的其他与筹资活动有关的现金

这方面包括以下3个部分。

（1）为融资租赁所支付的现金，包括支付的当期应付租金和前期应付未付而于本期支付的租金。

（2）为减少注册资本所支付的现金（收购本公司股票、退还联营单位的联营投资等）。

（3）其他。如捐赠现金支出。

（三）筹资活动产生的现金流量分析

一般来说，筹资活动产生的现金净流量越大，企业面临的偿债压力也越大，例如，企业通过银行借款筹得资金，从本期现金流量表中反映为现金流入，但却意味着未来偿还借款时要流出现金。

但如果现金净流入量主要来自于企业吸收的权益性资本，这个则不会面临偿债压力，资金实力反而增强。因此，分析者在分析时，可将吸收权益性资本收到的现金与筹资活动现金总流入比较，所占比重大，说明企业资金实力增强，财务风险降低。

四、现金流量表与其他会计报表的比较分析

（一）现金流量表与利润表比较分析

利润表是反映企业一定期间经营成果的重要报表，它揭示了企业利润的计算

过程和利润的形成过程。

利润被看成是评价企业经营业绩及盈利能力的重要指标，但却存在一定的缺陷。众所周知，利润是收入减去费用的差额，而收入费用的确认与计量是以权责发生制为基础，广泛地运用收入实现原则、费用配比原则、划分资本性支出和收益性支出原则等来进行的，其中包括了太多的会计估计。

其实，利润和现金净流量是两个从不同角度反映企业业绩的指标，前者可称之为应计制利润，后者可称之为现金制利润。二者的关系，通过现金流量表的补充资料揭示出来。

分析者在具体分析时，可将现金流量表的有关指标与损益表的相关指标进行对比，以评价企业利润的质量。

（1）经营活动现金净流量与净利润比较，能在一定程度上反映企业利润的质量。也就是说，企业每实现1元的账面利润中，实际有多少现金支撑，比率越高，利润质量越高。但这一指标，只有在企业经营正常，既能创造利润又能赢得现金净流量时才可比，分析这一比率也才有意义。为了与经营活动现金净流量计算口径一致，净利润指标应剔除投资收益和筹资费用。

（2）销售商品、提供劳务收到的现金与主营业务收入比较，可以大致说明企业销售回收现金的情况及企业销售的质量。收现数所占比重大，说明销售收入实现后所增加的资产转换现金速度快、质量高。

（3）分得股利或利润及取得债券利息收入所得到的现金与投资收益比较，可大致反映企业账面投资收益的质量。

（二）现金流量表与资产负债表比较分析

资产负债表是反映企业期末资产和负债状况的报表，运用现金流量表的有关指标与资产负债表有关指标比较，可以更为客观地评价企业的偿债能力、盈利能力及支付能力。

1.偿债能力分析

（1）用流动比率等指标来分析企业的偿债能力，往往有失偏颇。可运用经营活动现金净流量与资产负债表相关指标进行对比分析，作为流动比率等指标的补充。

（2）具体内容为：经营活动现金净流量与流动负债之比。这指标可以反映企业经营活动获得现金偿还短期债务的能力，比率越大，说明偿债能力越强。

（3）经营活动现金净流量与全部债务之比。该比率可以反映企业用经营活动中所获现金偿还全部债务的能力，这个比率越大，说明企业承担债务的能力越强。

（4）现金（含现金等价物）期末余额与流动负债之比。这一比率反映企业直接支付债务的能力，比率越高，说明企业偿债能力越大。但由于现金收益性差，这一比率也并非越大越好。

2.盈利能力及支付能力分析

（1）由于利润指标存在的缺陷，因此，可运用现金净流量与资产负债表相关指标进行对比分析，作为每股收益、净资产收益率等盈利指标的补充。

（2）现金净流量与总股本之比。这一比率反映每股资本获取现金净流量的能力，比率越高，说明企业支付股利的能力越强。

（3）经营活动现金净流量与净资产之比。这一比率反映投资者投入资本创造现金的能力，比率越高，创现能力越强。为了保持口径一致，净利润指标应剔除投资收益和筹资费用。

五、现金流量表的指标分析

（一）流动性分析（偿债能力分析）

流动性分析主要评价企业偿付债务的能力。主要考虑经营现金净流量对某种债务的比率关系，即，经营现金净流量÷某种债务的比重。

（1）现金到期债务比=经营现金净流量÷本期到期债务。本期到期债务是指本期到期的长期债务和本期的应付票据，通常这两种债务是不能展期的。

（2）现金流动负债比=经营现金净流量÷流动负债。

（3）现金债务总额比=经营现金净流量÷债务总额。这个比率越高，企业承担的负债能力越强。用该指标可确定公司可承受的最高利息水平。

如该比率为15%，意味着只要债务的利息率低于15%，企业就可以按时付息，通过借新债还旧债来维持借债规模。

（4）最大借款能力=经营现金流量净额÷市场借款利率。如某企业经营净现金流量为2500万元，市场利率为8%，则该企业的最大负债能力为2500÷8%=31250万元。

（二）获取现金能力分析

获取现金能力分析评价营业现金流量创造能力，通过经营现金净流量与某种投入的资源对比进行分析。

（1）销售现金比率=经营现金净流量÷销售收入。反映每元销售得到的净现金，越大越好。

（2）每股营业现金净流量=经营现金净流量÷普通股股数。反映企业最大的分派股利的能力。

（3）全部资产现金回收率=经营现金净流量÷全部资产。反映企业资产产生现金的能力。

（4）盈余现金保障倍数=经营现金净流量 ÷ 净利润。反映企业收益的质量。

（三）财务弹性分析

财务弹性是指企业适应经济环境变化和利用投资机会的能力。现金流量超过需要，有剩余的现金，适应性就强。通过分析“现金供应 ÷ 现金需求”来评价财务弹性。

（1）现金满足投资比率=近5年经营现金流量净额 ÷ 近5年资本支出、存货增加、现金股利之和。该比率越大，说明现金的自给率越大。

① 若指标小于1，表明资金的供应不能满足需求。

② 若指标等于1，表明资金的供应正好满足需求。

③ 若指标大于1，表明资金的供应有剩余，应考虑投资。

（2）现金股利保障倍数=每股经营现金流量净额 ÷ 每股现金股利。该比率越大，说明支付现金股利的能力越强。

六、现金流量的质量分析

（一）现金流量的质量及特征

现金流量的质量是指企业的现金流量能够按照企业的预期目标进行运转的质量。具有较高质量的现金流量应具有如下特征。

（1）企业现金流量的结构与状态体现了企业发展战略的要求。

（2）在稳定发展阶段，企业经营活动的现金流量应当有足够的支付能力，并能为企业的扩张提供现金流量的支持。

（3）筹资活动现金流量能够适应经营活动、投资活动对现金流量的需求，且无不当融资行为。

（二）现金流量的质量分析重点

对于企业现金流量的质量分析，应从以下两个方面进行

1.对三类现金流量各自的整体质量分析

现金净流量有三种结果，即大于零、等于零和小于零。每种结果都与企业所在的经营周期、发展战略以及市场环境等因素有关，分析者在分析时，不能仅仅依据现金净流量的大小做出优劣判别。

2.对各个现金流量项目的质量分析

判断企业现金流量的构成，哪些项目在未来期间可以持续，哪些项目是偶然发生的，各个项目发生的原因是什么。

（三）经营活动现金流量的整体质量分析

1.经营活动现金净流量大于零

你应关注大于零的程度，能否补偿非付现成本费用。

一般而言，企业经营活动现金净流量大于零意味着企业生产经营比较正常，具有“自我造血”的功能，企业经营活动现金净流量占总现金净流量的比率越大，说明企业的现金状况越稳定。

如果企业当期经营活动现金净流量在大于零的基础上，还能补偿当期发生的非付现成本，说明剩余的现金在未来期间基本上不再为经营活动所需，则企业可以将这部分现金用于扩大生产规模，或者选择其他有盈利能力的项目进行投资，从而增加企业的竞争能力。

2.经营活动现金净流量等于零

意味着经营过程中的现金“收支平衡”，此种情况现实中比较少见，对企业的长远发展不利。

3.经营活动现金净流量小于零

意味着经营过程的现金流转存在问题，经营中“入不敷出”，这是最糟糕的情况。这种情况，企业不仅不能长期发展，甚至难以短期内进行简单再生产。

相关链接

现金流量的变化结果与变化过程的关系

现金流量的变化结果与变化过程的关系为：

（1）“现金流量净增加额”大于零，表现为期（年）末现金大于期（年）初现金流量。

（2）“现金流量净增加额”小于零，即期（年）末现金小于期（年）初现金流量。

（3）“现金流量净增加额”等于零，即企业期（年）末与期（年）初现金状况相同。

（四）投资活动现金流量的质量分析

投资活动是指企业对外的股权、债权投资，以及对内的非货币性资产（固定资产、无形资产等）投资。

投资活动所关注的是：投资活动的现金流出与企业发展战略、投资计划之间的吻合程度；投资活动的现金流入是否具有盈利性。

对内投资活动现金流量先流出，流出应由经营活动补偿，速度取决于折旧速度，补偿时间滞后；流出量为负数，一般表明企业在扩张；对外投资应能自求平衡，扩大再生产投资是否纳入正常规划。

1. 投资活动现金净流量大于或等于零

投资活动现金净流量大于或等于零会得出以下两种相反的结论。

（1）企业投资收益显著，尤其是短期投资回报收现能力较强。

（2）可能是企业因为财务危机，同时又难以从外部筹资，而不得不处置一些长期资产，以补偿日常经营活动的现金需求。

2. 投资活动现金净流量小于零

投资活动现金净流量小于零有以下两种解释。

（1）企业投资收益状况较差，投资没取得经济效益，并导致现金净流出。

（2）企业当期有较大的对外投资，因为大额投资一般会形成长期资产，并影响企业今后的生产经营能力，所以这种状况下对企业的长远发展有利。

（五）筹资活动现金流量的质量分析

筹资活动所关注的是：筹资活动的现金流量与经营活动、投资活动现金流量之和的适应程度，以及所筹集资金的使用情况。

1. 筹资活动现金净流量大于零

企业筹资活动现金流量一般会大于零，但你应注意分析企业筹资活动现金流量大于零是否正常，企业的筹资活动是否已经纳入企业发展规划，是企业管理层以扩大投资和经营活动为目标的主动筹资行为，还是企业因投资活动和经营活动的现金流失控，企业不得已的筹资行为。

2. 筹资活动现金净流量小于零

一般是企业在本会计期间集中发生偿还债务、支付筹资费用、进行利润分配、偿付利息等业务，但也可能是企业在投资活动和企业战略发展方面没有更多作为的一种表现。

第五章 读懂利润表

引言

利润表是反映一定会计期间的经营成果的报表。通过阅读利润表，你可以知道企业在一定会计期间收入、费用、利润的数额、构成情况，全面地了解企业的经营成果，分析企业的获利能力及盈利增长趋势，为你作出企业发展的经济决策提供依据。

第一节 利润表概述

利润表也称为损益表、收益表，是反映企业在一定会计期间经营成果的报表。利润表应当按照各项收入、费用以及构成利润的各个项目分类分项列示。

一、利润表的性质与作用

利润表是总括反映企业在一定期间内（月度、年度）利润盈利或亏损的实现情况的会计报表，它将“收入－费用=利润”的公式用一目了然的表格形式表现出来。

（一）利润表的性质

利润表的性质如下。

（1）反映企业在一定期间经营成果的会计报表。

（2）是一张“动态”的会计报表。

（3）反映收入、费用、投资收益、营业外收支及利润等情况。

（二）利润表与资产负债表的异同

1.区别

利润表与资产负债表的区别见表5-1。

表5-1 利润表与资产负债表的区别

具体项目	利润表	资产负债表
报表性质	动态报表	静态报表
反映金额	累计数	余额数
报表内容	经营成果	财务状况
编报基础	利润=收入－费用	资产=负债+所有者权益

2.联系

（1）资产负债表反映企业的经济实力，表中的资源是利润表中所有经营活动开展的基础。

（2）利润表反映企业的盈利水平，表中的经营成果是资产负债表中所列的资源的使用效益的综合反映，利润表循环往复以致无穷，决定了企业资产的保值增值和企业的发展壮大，如图5-1所示。

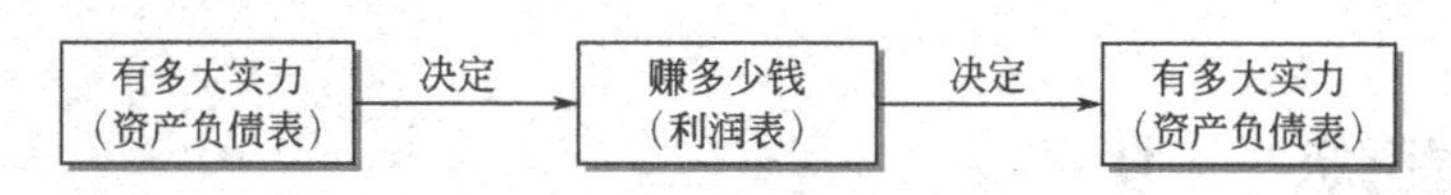

图5-1 利润表循环

（三）利润表的作用

（1）反映企业的盈利能力，评价企业的经营业绩。

（2）发现企业经营管理中的问题，为经营决策提供依据。

（3）揭示利润的变化趋势，预测企业未来的获利能力。

（4）帮助投资者和债权人做出正确的投资与信贷决策。

（5）为企业在资本市场融资提供重要依据。

二、利润表的内容与格式

（一）利润表的内容

一份完整的利润表应包括以下方面的内容，如图5-2所示。

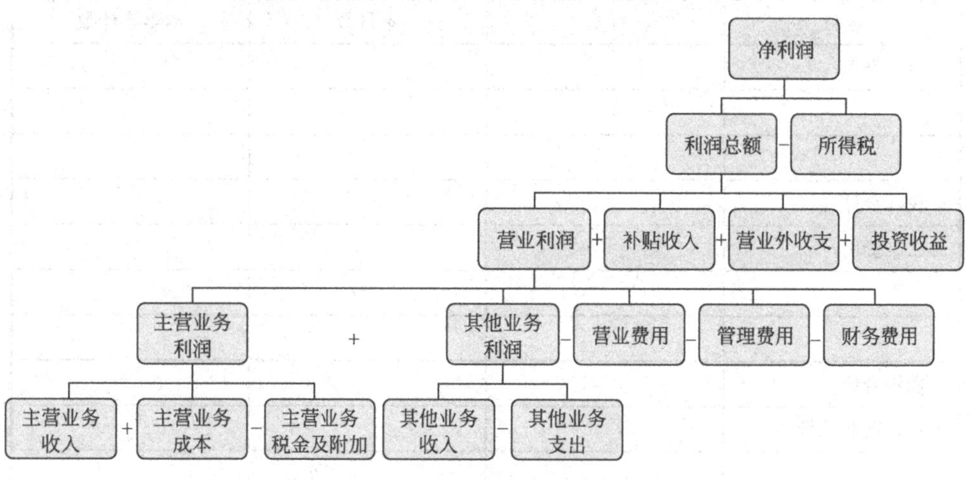

图5-2 利润表应包括的内容

（1）构成主营业务利润的各项要素，包括主营业务收入、成本、营业费用、营业税金及附加等。

（2）构成营业利润的各项要素，包括主营业务利润、其他业务利润、管理费用、财务费用等。

（3）构成利润总额的各项要素，包括营业利润、投资收益、营业外收入、营业外支出等。

（4）构成净利润的各项要素，主要包括利润总额和所得税。

提醒您 

利润表项目列示原则为：收入按其重要性进行列示，费用按其性质进行列示，利润按其构成分类分项列示。利润表中的配比原则是谁受益、谁付费。

（二）利润表的格式

利润表格式一般分为单步式利润表和多步式利润表。

1. 单步式利润表

单步式利润表是将本期发生的所有收入、费用、成本等集中在一起列示，然后将收入类合计减去成本费用类合计，计算出本期利润，即净收益=所有的收入–所有的费用，见表5-2。

表5-2　单步式利润表

编制企业：　　　　　　　　年　月　日　　　　　　　　单位：

项目	行次	本月数	本年累计数
一、收入			
收入合计			
二、费用			
费用合计			
三、利润总额			
四、净利润			

2. 多步式利润表

多步式利润表是我国企业常用的格式，是根据利润计算的步骤而设计的，见表5-3。

表5-3　多步式利润表

编制企业：　　　　　　　　　　　　年　月　日　　　　　　　　　　　单位：

项目	本月数	本年累计数
一、主营业务收入		
二、主营业务利润		
三、营业利润		
四、利润总额		
五、净利润		

提醒您

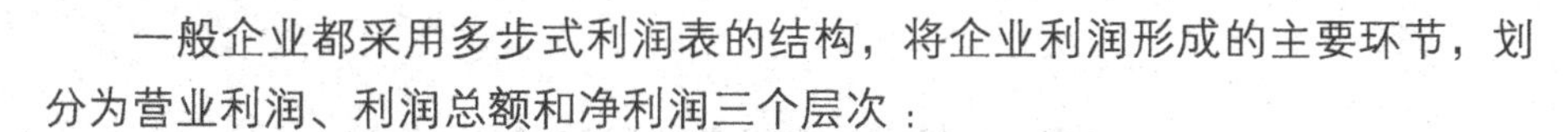

一般企业都采用多步式利润表的结构，将企业利润形成的主要环节，划分为营业利润、利润总额和净利润三个层次：

营业利润＝营业收入－营业成本－营业税费－管理费用－销售费用－财务费用－资产减值损失＋公允价值变动净收益＋投资净收益

利润总额＝营业利润＋营业外收入－营业外支出

净利润＝利润总额－所得税

三、利润表收入费用的确认

（一）利润表编制基础——权责发生制

权责发生制原则（应计制原则）如下。

（1）凡属于本会计期间的收入和费用，不论其款项是否收付，均应作为本期的收入和费用处理。

（2）凡不属于本期的收入和费用，即使其款项已在本期收取或付出，也不作本期的收入和费用处理。

（二）会计收入的确认标准

会计收入的确认标准即销售过程的完成与劳务提供过程的完成。

销售过程的完成是指产品的所有权已经转移，与商品有关的损失或者收益的权利已经转移给买方。

会计收入的确认3种情况如下。

（1）赊销——会计收入的确认先于收入项目对应的货币流入，同时债权增加。

（2）预收货款——会计收入的确认晚于收入项目对应的货币流入，同时负债减少。

（3）现销——会计收入的确认与收入项目对应的货币流入同时发生。

（三）会计费用的确认

会计费用的确认标准即实现销售与劳务提供过程的贡献。费用的确认不等于等额的货币减少。

会计费用确认3种情况如下。

（1）会计费用先于其货币流出：先耗用他人资源，后付款，引起负债的增加。

（2）会计费用晚于费用其货币流出：先购买，后使用。

（3）会计费用与货币流出同时发生。

第二节　阅读利润表

一、了解经营成果的步骤

（一）把握结果——赚了多少钱

老板在看利润表时，一般都有一个习惯动作，即从下往上的看，很少有人从上往下看，也就是说首先看的是最后一行净利润，然后是利润总额，这就是检查经营成果的第一步：把握结果。把握结果的目的是要看一看企业是赚钱还是赔钱，如果净利润是正数，说明企业赚钱；如果净利润是负数，说明企业赔钱。

（二）分层观察——在哪里赚的钱？是来自日常活动还是偶然所得

查看经营成果要分层观察。分层观察的目的就是要让企业明白到底在哪儿赚钱。在利润表中，企业的主营业务利润和营业利润是企业日常经营活动所得利润，最能说明企业盈利能力的大小。如果一个企业在主营业务利润或者营业利润上赚了钱，说明企业具有较好的盈利能力；如果一个企业确实赚了很多钱，但不是主营业务利润，而是通过无法控制的事项或偶然的交易获得的，不能说明企业盈利能力的大小。

（三）项目对比——对经营成果满意吗

查看经营成果的第三步是项目对比。项目对比通常是与两个目标进行比较。

（1）与以前年度经营成果相比。

（2）与年初所定的经营预算目标相比，通过对这两个目标的比较，在某种程度上确定对本年度业绩是否满意。

二、收入类项目分析

收入类项目是指所有体现企业经济利益流入，从而导致企业利润增加的项目。包括营业收入、投资净收益、公允价值变动净收益、营业外收入等。

（一）营业收入

营业收入是指企业在从事销售商品、提供劳务和让渡资产使用权等日常经营业务过程中所形成的经济利益的总流入，分为主营业务收入和其他业务收入两部分。

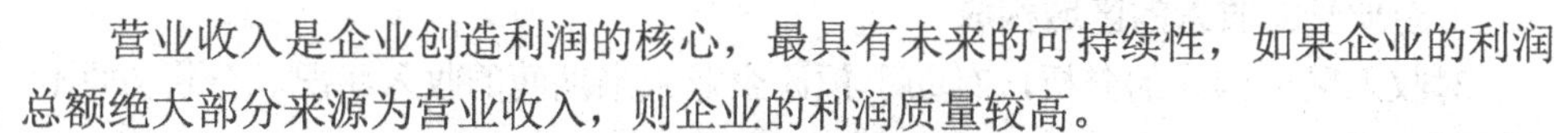

营业收入是企业创造利润的核心，最具有未来的可持续性，如果企业的利润总额绝大部分来源为营业收入，则企业的利润质量较高。

老板在分析营业收入时，需要注意以下5个问题。

1. 企业营业收入确认的具体标准

（1）销售商品收入的确认条件。销售商品收入要同时满足以下5个条件才能确认，如图5-3所示。

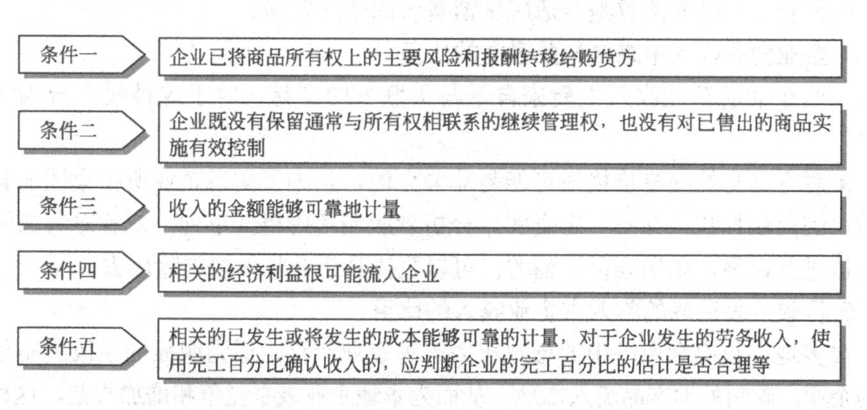

图5-3　销售商品收入的确认条件

分析者在分析时，应当查看企业在确认收入时是否遵循了这五个标准，是否将应当在本期确认的销售收入延期入账，是否将不应本期入账的收入确认为本期收入。

（2）对于企业劳务收入，应分别不同情况进行确认和计量，如图5-4所示。

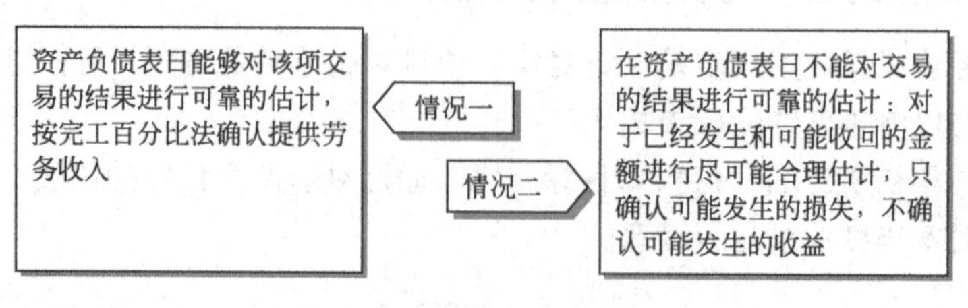

图5-4　进行确认和计量的情况

（3）让渡资产使用权收入：企业出租固定资产和无形资产取得的收入。

2.企业营业收入的品种构成

企业经营的产品或服务的品种是否适合市场的需要，这对企业今后的生存和发展至关重要。

分析方法一般是计算各经营品种的收入占全部营业收入的比重，再通过比较比重的变化发现企业经营品种结构的变化幅度。可以观察企业的产品和服务是否与市场的需求一致，企业产品品种的变化也反映了企业发展战略的变化。

3.企业营业收入的区域构成

对收入区域构成的分析，有助于预计企业未来期间的收入状况。分析方面包括以下内容。

（1）观察企业主要的收入是来源于国外还是国内。

（2）国内销售的部分主要集中在哪个区域。

（3）对企业尚未占领的区域是否有相应的推进计划。

（4）企业产品的配置是否适应了消费者的偏好差异。

4.企业营业收入中来自与关联方的比重

一些企业的营业收入主要来自于与关联方的交易，对于这种收入应当慎重考虑。

关联方交易的交易价格很可能是非公允的，是为了实现企业所在集团的整体利益，因此这种收入并不一定真实，分析者应当考虑将其单列，或者对其按照公允价值进行调整，如果难以调整的，可以直接从企业收入中剔除出去。

5.行政手段造成的收入占企业收入的比重

很多地方政府利用手中的行政权力干涉企业经营，最为明显的手段就是歧视外地企业，限制外地产品流入本地，从而为本地企业减少竞争和增加收益，这种手段增加的收入与企业自身的竞争力无关，质量不高，应当在财务分析中予以剔除。

（二）投资净收益

投资净收益是投资收益与投资的差额。投资收益包括对外投资分得的利润、股利和债券利息，投资到期收回或者中途转让取得款项大于账面价值的差额，以及按照权益法记账的股票投资、其他投资在被投资单位增加的净资产中所拥有的数额等。投资损失包括对外投资到期收回或者中途转让取得款项少于账面价值的差额，以及按照权益法记账的股票投资、其他投资在被投资单位减少的净资产中所分担的数额等。

1.分析企业投资的目的

一般基于以下两个目的。

（1）利用企业自身的闲置资金取得暂时性收益。

（2）出于自身战略发展的要求，希望投资控制一些有利于企业长远发展的资源。

分析者应确定企业投资的目的。

2.分析投资收益有无相应的现金流量支撑

对外投资不是企业经常性的行为，企业投资收益一般不具有可持续性。因此，分析投资收益的质量，主要是分析投资收益有无相应的现金流量支撑并关注这种忽高忽低的非正常现象。

（三）公允价值变动净收益

公允价值变动损益就是因为公允价值的变动而引发的损失或是收益。

分析该项目时，关键注意企业获取的相关资产的公允价值是否合理，是否将不合适使用公允价值计量的资产和负债划分为此类，企业在出售相关资产和偿付相关负债后，前期发生的公允价值变动损益是否计入了投资损益。

（四）营业外收入

营业外收入是指企业在经营业务以外取得的收入。

1.营业外收入的主要内容

营业外收入的内容主要包括以下8类。

（1）固定资产盘盈。

（2）处理固定资产净收益。

（3）罚款收入。

（4）出售无形资产收益。

（5）因债权人原因确实无法支付的应付款项。

（6）教育费附加返还款。

（7）非货币性交易中发生非货币性交易收益（与关联方交易除外）。

（8）企业合并损益。

2.营业外收入的特点

作为营业外收入，必须同时具备以下两个特征。

（1）是意外发生，企业无力加以控制。

（2）是偶然发生，不重复出现。

这部分的收入数额较大并不是坏事，它能使企业净利润增加，因而增加企业利润分配的能力。如果企业收入中的技术转让收入保持一个较大的数额和持续的增长，则反映企业的研究与开发工作做得较好，而这正是将来的企业发展所必需的。

三、成本费用类项目分析

费用是经济利益的总流出，它在企业日常活动中发生，会导致所有者权益减少。成本费用类项目有许多，具体如图5-5所示。

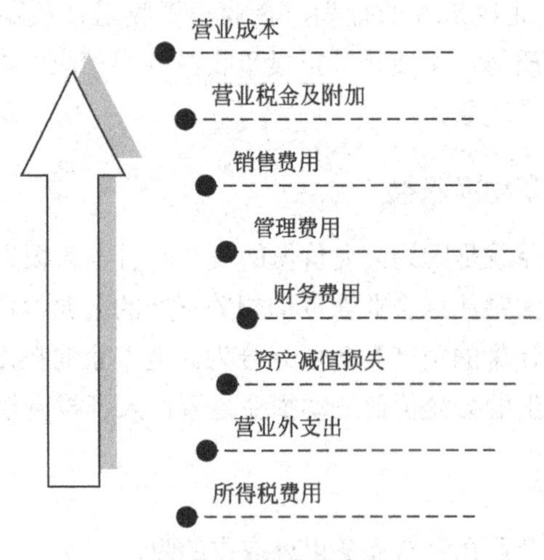

图5-5　成本费用类项目

（一）营业成本

营业成本是指与营业收入相关的、已经确定了归属期和归属对象的成本。营业成本又分为主营业务成本和其他业务成本，它们是与主营业务收入和其他业务收入相对应的一组概念。

1.营业成本的内容

营业成本的内容见表5-4。

表5-4 营业成本的内容

序号	内容	具体说明
1	直接材料	直接材料包括企业生产经营过程中实际消耗的直接用于产品的生产，构成产品实体的原材料、辅助材料、备品备件、外购半成品、燃料、动力、包装物以及其他直接材料
2	直接人工	直接工资包括企业直接从事产品生产人员的工资、奖金、津贴和补贴以及直接从事产品生产人员的职工福利费等
3	制造费用	制造费用是指企业可以根据自身需要，对制造费用进行适当调整

2.营业成本的特点

（1）从营业成本的构成不难判断出，对大多数企业，特别是制造型企业来说，营业成本是所有支出当中最大的一部分。

（2）与营业收入的关联度最高。

（3）其与产品生产紧密联系。

3.营业成本分析

营业成本分析要关注三个方面，如图5-6所示。

方面一　产品销售成本变动分析

对企业全部产品销售成本的本年实际情况与上年实际情况进行对比，从产品类别角度找出各类产品或各主要产品销售成本升降的幅度，以及对全部销售成本影响的程度

方面二　主要产品生产成本降低目标完成情况分析

依据因素分析原理，按照产品产量→品种结构→单位成本的因素替代顺序进行成本降低目标完成分析

方面三　主要产品单位成本项目分析

分析直接材料、直接人工和制造费用各项目变动的影响因素

图5-6 营业成本分析的三个方面

4.分析的注意要点

分析者在对营业成本进行质量分析时，应注意以下2点。

（1）关注企业存货发出的方法及其变动。

（2）应检查企业营业收入与营业成本之间的匹配关系，企业是否存在操纵营业成本的行为。

（二）营业税金及附加

“营业税金及附加”项目反映企业经营主要业务应负担的营业税、消费税、城市维护建设税、资源税、土地增值税和教育税附加等。

一般企业的营业税费金额与营业收入应相配比。同时，因为金额较小，所以不是分析重点。

（三）销售费用

销售费用是指企业在销售过程中发生的各项费用以及专设销售机构的各项经费。

1.销售费用的内容

销售费用的内容：包括由企业负担的包装费、运输费、广告费、装卸费、保险费、委托代销手续费、展览费、租赁费（不含融资租赁费）和销售服务费、销售部门人员工资、职工福利费、差旅费、办公费、折旧费、修理费、物料消耗、低值易耗品摊销以及其他经费等。

与销售有关的差旅费应计入销售费用。

2.销售费用的特点

在企业的销售规模和营销策略等变化不大的情况下，销售费用的变化也会不明显。

3.销售费用分析的注意事项

销售费用分析的注意事项如图5-7所示。

事项一	对于销售费用的质量分析，应当注意其支出数额与本期收入之间是否匹配
事项二	销售费用分析，不应简单看其数额的增减
事项三	如果销售费用有较大的增长，应观察增长的内容是什么
事项四	企业如果在新地域或新产品上投入较多的销售费用，这些支出不一定在本期就能增加收入，分析人员对此应慎重分析，以判定其对今后期间收入增加的效应

图5-7 销售费用分析的注意事项

（四）管理费用

管理费用是指企业行政管理部门为组织和管理生产经营活动而发生的各项费用。管理费用属于期间费用，在发生的当期就计入当期的损益。对管理费用的结构分析，常见的分析方法有两种：按费用项目进行分析和按部门进行分析。

1.管理费用的内容

管理费用的内容包括办公费、邮电费、汽车费、差旅费、交通费、业务招待费、折旧费、审计评估费、开办费摊销、无形资产摊销、递延资产摊销、工会经费、其他等。

2.管理费用的分析要点

管理费用支出水平与企业规模相关，对管理费用有效的控制可以体现企业管理效率的提高，但有些项目的控制或减少对企业长远发展是不利的，如企业研发费、职工教育费等。

管理费用与企业收入在一定范围和期间内没有很强的相关性。一方面分析不能仅仅依据营业收入的一定比率来判定管理费用支出效率；另一方面也说明企业提高管理效率的最优途径就是增加收入，使得一定数额管理费用支持更大的营业规模。

再有，如果你能够获得企业内部财务预算，通过与预算数的对比，可以更容易地得到企业管理费用的质量状况。

提醒您 

管理费用应当保持一定的稳定性，不能一味地追求降低。管理费用的项目比较庞杂，因此对管理费用的分析不应只停留在总量的增减变化上，还应关注其结构的变化，以便有针对性地提出控制管理费用的措施。

（五）财务费用

财务费用是指企业在生产经营过程中为筹集资金而发生的各项费用。

1.财务费用的内容

财务费用的内容包括利息支出、汇兑损失、相关的手续费、其他财务费用等。

提醒您 

财务费用的高低主要取决于借款的规模、利率和期限。

2.财务费用的分析

对财务费用进行质量分析应当细分内部结构，观察企业财务费用的主要来源。财务费用的发生主要与以表5-5所列的业务内容相关。

表5-5 发生财务费用的业务

序号	业务	具体说明
1	企业借款融资相关	企业借款融资相关是指应将财务费用分析与企业资本结构的分析相结合，观察财务费用的变动是源于企业短期借款还是长期借款，同时，对于借款费用中应予以资本化的部分是否已经资本化，或者借款费用中应当计入财务费用的是否企业对其进行了资本化
2	与企业购销业务中的现金折扣相关	与企业购销业务中的现金折扣相关是指关注企业应当取得的购货现金折扣是否已经取得，若是存在大量没有取得的现金折扣，应怀疑企业现金流是否紧张
3	与企业外币业务汇兑损益相关	与企业外币业务汇兑损益相关是指关注汇率对企业业务的影响，观察企业对外币资产和债务的管理能力

（六）资产减值损失

资产减值损失是指企业在资产负债表日，经过对资产的测试，判断资产的可收回金额低于其账面价值而计提资产减值损失准备所确认的相应损失。

1.资产减值范围

资产减值范围主要是固定资产、无形资产以及除特别规定外的其他资产减值的处理。

2.分析要点

企业对于绝大部分资产都应计提资产减值损失，这体现的是谨慎性原则。

固定资产、无形资产等长期资产发生计提的减值准备在计提后，一经确认，在以后会计期间不得转回，消除了一些企业通过计提减值准备来调节利润的可能，限制了利润的人为波动。

分析者应当关注每项资产减值准备计提是否充分，是否存在企业计提不足或过度计提的状况，并且与历史资产减值状况对比，观察减值准备的异常变化，是否企业应用资产减值来调节利润。

（七）营业外支出

营业外支出是指不属于企业生产经营费用，与企业生产经营活动没有直接的关系，但应从企业实现的利润总额中扣除的支出。

营业外支出是指企业发生的与企业日常生产经营活动无直接关系的各项支出，包括非流动资产处置损失、非货币性资产交换损失、债务重组损失、公益性捐赠支出、非常损失、盘亏损失等。对于这些损失，企业的态度应是将其控制在最低限度。

（八）所得税费用

所得税费用是指企业经营利润应交纳的所得税。

1.企业当期所得税费用的内容

企业当期所得税费用可以分为以下两个部分。

（1）当期应当缴纳的部分，即按照税法计算的应缴所得税。

（2）在当期发生但是应在以后期间缴纳的部分，即递延所得税。

2.分析要点

分析者在分析时，应关注以下3个要点。

（1）企业对于资产负债表的计税基础确定是否公允。

（2）如果存在非同一条件下的企业合并，递延所得税应调整商誉；对于可供出售金融资产公允价值变动导致的递延所得税应计入所有者权益，对于这两项资产负债账面价值与计税基础导致的递延所得税不能计入所得税。

（3）企业确认的递延所得税资产是否以未来期间可能取得的用来抵扣可抵扣暂时性差异的应纳税所得额为限，超出部分因在后期不能转回，所以在本期不能确认为递延所得税资产。

四、利润类项目分析

利润类项目包括营业利润、利润总额、净利润。

（一）营业利润

营业利润是指企业在销售商品、提供劳务等日常活动中所产生的利润。

1.营业利润的内容

营业利润的内容为主营业务利润和其他业务利润扣除期间费用之后的余额。其中主营业务利润等于主营业务收入减去主营业务成本和主营业务应负担的流转税，通常也称为毛利。其他业务利润是其他业务收入减去其他业务支出后的差额。

2.营业利润的特点

企业营业利润的多少代表了企业的总体经营管理水平和效果。

3.分析的注意事项

（1）营业利润额较大时，在分析中分析者应注意：因为营业利润中包括了其他业务利润，所以企业多元化经营，多种经营业务开展的较好时，其他业务利润会弥补主营业务利润的缺陷；如果其他业务利润长期高于主营业务利润，企业应考虑企业结构调整问题。

（2）营业利润额较小时，应着重分析主营业务利润的大小、多种经营的发展情况和期间费用的多少。

（二）利润总额

利润总额是指企业在一定时期内实现的盈亏总额，反映企业最终的财务成果。根据会计“损益表”中的“利润总额”项的本年累计数填列。

由于利润总额中包括了许多非经常性项目的净收益，因此其稳定性最差。但是，不管利润的形成原因如何，全部的利润都增加了所有者的权益，都可以用于对投资者进行分配，因此，利润总额总是多多益善。

营业利润加上营业外收入，减去营业外支出，即为利润总额。

（三）净利润

净利润（收益）是指在利润总额中按规定缴纳了所得税后公司的利润留成，一般也称为税后利润或净收入。

净利润是一个企业经营的最终成果，净利润多，企业的经营效益就好，净利润少，企业的经营效益就差，它是衡量一个企业经营效益的主要指标。

净利润在正常情况下，所得税费用是相对稳定的，因此，只要利润总额较大，净利润也会较高。分析者在分析时，要注意盈利的质量高低，即盈利是否具有可持续性。

五、借助相关财务比率

（一）反映盈利能力比率

在利润表中，盈利满意度的考察通常借助一些相关财务比率，透视经营成果。

1.销售毛利率

公式如下：

销售毛利率=（主营业务收入-主营业务成本）÷主营业务收入×100%

一个企业的毛利率较高或者适中，通常认为这个商品的盈利能力比较强。但有时当毛利率适度下降的时候，不一定是该商品的竞争力在减弱，如有些企业采取薄利多销的促销政策，它可以适当降低毛利率，可是这种毛利率的降低能够带动市场销售量，使主营业收入和利润增加。但也有可能出现随着毛利率的下降，而主营业收入也在下降的现象，说明不光商品的获利能力在减弱，而且市场也在萎缩。因此借助于毛利率来检查企业商品的竞争力，还要借助于销售净利率来检查这个企业的获利水平。

2.销售利润率

反映企业的盈利水平，通常用销售利润率来检验：

$$销售利润率=利润总额\div主营业务收入\times100\%$$

销售利润率表明企业每销售100元商品，或每取得100元的营业收入，可以给企业带来多少利润，这个指标还可以说明企业获利水平的高低，或者这个行业获利水平的高低。

3.总资产利润率

公式如下：

$$总资产利润率=利润总额\div资产总额\times100\%$$

总资产利润率指标所要说明的是企业每占用100元的资产可以净赚多少钱。资产利润率高，说明企业的经济效益好，反之则说明企业的经济效益差，当然效益好说明管理水平高，效益不好可能管理水平存在一定的问题。因此，通过资产利润率，可以看出企业管理水平的高低。

4.净资产收益率

公式如下：

$$净资产收益率=净利润\div平均股东权益\times100\%$$

净资产收益率的基本内容是投资人每存放企业1元资产，可以给他带来多少回报，即回报率。净值收益率高，投资者的投资回报率就高，这个比率低，投资者的投资回报率就低。

（二）反映企业经营成长性比率

对企业经营者来讲，更应关注企业未来的、长期的和持续的增长能力和发展能力，而观察企业经营成长性情况，可以通过利润表重点选择观察销售和净利润的增长率及其变化趋势。

1.销售增长率

市场是企业生存和发展的空间，销售增长越快，表明企业生存和发展的空间提高越快。从个别产品的销售增长率指标可以观察此产品所处生命周期阶段，进而也可以观察企业的成长性。公式如下：

$$销售增长率=（本年销售额-上年销售额）\div上年销售额\times100\%$$

$$近三年销售平均增长率=\left(\sqrt[3]{\frac{当年主营业务收入总额}{三年前主营业务收入总额}}-1\right)\times100\%$$

2.营业利润率

从利润构成性质来看，与销售直接相关、产生于日常经营活动的营业利润稳定性相对，具有持续经常的性质，对企业预测价值作用大，并可作为评价企业经营业绩的基础。公式如下：

营业利润率=营业利润 ÷ 销售收入净额 ×100%

3.成本费用利润率

成本费用反映的是对企业生产经营投入的一种耗费。经营中投入和耗费一般均有所得和收益，其所能带来的所得水平，便是企业经营和发展能力的直接衡量。公式如下：

成本费用利润率=利润总额 ÷ 成本费用总额 ×100%

（三）反映企业经营结构的比率

了解利润表的基本知识，另一重要方面是通过对利润表的分析来审视企业经营现状，分析企业经营结构，最终实现经营结构的优化。那么如何通过利润表来看企业经营结构呢？一般可以从以下3方面入手。

1.收入结构

了解企业的收入结构主要从企业主营业务收入比重入手。公式如下：

主营业务收入比重=主营业务收入 ÷ 收入总额 ×100%

2.产品产销结构

分析者可以根据销售明细表计算各种产品或业务在总的生产或销售业务收入中的比重，观察企业多元化经营战略的实施情况以及与之相关的风险情况。

3.成本费用结构

企业增加利润的途径只有以下两条。

（1）增加收入。

（2）降低成本费用。在企业依靠扩大产品销量和提高或维持高价格来增加收入无法实现的情况下，企业不能不调整自己的经营和管理思路，将效益增加的途径转型为对内强化管理。在对外扩大销售的同时，还应重视企业的内部管理，从而使成本费用降低。但对企业来讲，优化成本结构与降低成本费用同等重要。进行成本费用结构分析，特别要重视的几个方面如下。

① 产品销售成本比重。销售成本是企业成本费用的主要组成部分。对销售成本比重分析我们通常借用“销售成本率”这个指标。计算方法是：

销售成本率=产品销售成本 ÷ 产品销售收入 ×100%

② 三项期间费用比重。三项期间费用的上升也是影响利润下降的重要因素。公式如下：

三项期间费用比重=三项期间费用总额 ÷ 成本费用总额 ×100%

六、关注人的因素对利润的影响

（一）成本的结转方法

企业成本的结转方法会对利润产生影响。如买同一批材料，第一次买的单价是10元/个，第二次买的单价是12元/个。当想让利润多的时候，就按10元/个转为成本，所选用的成本结转方法是先进先出法，这样成本小了，利润就多了；当想让利润少的时候，就把12元/个转为成本，所选用的方法是后进选择法。方法的变更使费用可大可小，导致的结果就是利润可以增加也可以减少。

（二）折旧的计算方法

固定资产折旧的计算方法有平均年限法和加速折旧法。在平均年限法中，税法规定了固定资产计算折旧的最低年限，但企业可以选择比税法最低折旧年限高的折旧期限。当企业想让利润多的时候，很可能选择比税法最低折旧年限高的折旧期限，通过折旧年限的变更，折旧费用可以人为的操纵。

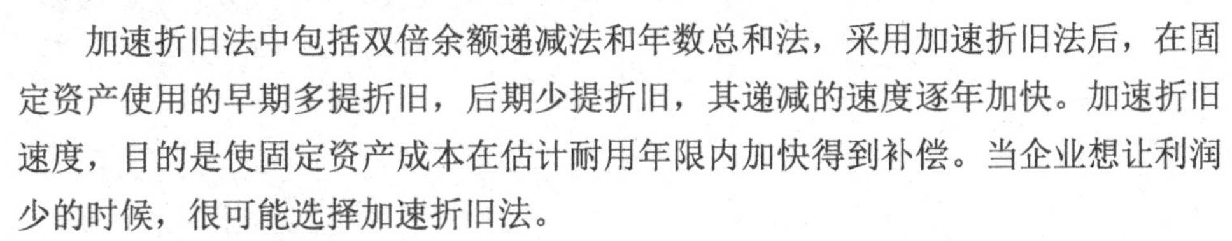

加速折旧法中包括双倍余额递减法和年数总和法，采用加速折旧法后，在固定资产使用的早期多提折旧，后期少提折旧，其递减的速度逐年加快。加速折旧速度，目的是使固定资产成本在估计耐用年限内加快得到补偿。当企业想让利润少的时候，很可能选择加速折旧法。

（三）八项减值准备的计提

提取八项减值准备的时候，费用就会增加，利润就会下降，而当冲减减值准备的时候费用就会减少，利润就会增加。然而现在有些上市公司，第1年企业亏它不怕，第2年亏它也不怕，有时要让第2年的亏要亏足，要铆足力气把第2年的减值准备提足，到了第3年不再提准备，而通过冲销各种准备增加企业的盈利。用这种途径来应付中国证监会，在一些上市公司这种事情还是经常出现的。

（四）长期费用的摊销

长期费用的摊销到底是1年摊完，还是3年或5年摊完。如果1年摊完费用就大，利润就少；如果分3年或5年摊完，费用就少，利润就大。

（五）借款利息

以固定资产借款利息为例，假定某企业固定借款是1年3000万元，而这3000万元的借款利息，按照会计规则有的可以做费用，有的不能做费用。有些企业可能采取这样一种方法，当企业想要利润多的时候，就把该借款利息加入固定资产成本中，不计入费用；当企业想让利润少的时候，让借款费用全部计入财务费，这样利润就下降了。

第六章 企业财务状况总体评价

引言

总体评价财务状况，就是真实感知企业财务状况的实际情况，包括经营过程中的经营成果评价，也包括在某个时点的资产负债表所反映的数据评价，即既有对时点数字的理解，也有对期间数字的理解。一般来说，可以从四个方面来评价一个企业的财务状况：偿债能力、运营能力、盈利能力和发展能力。

第一节　企业偿债能力评价

企业的偿债能力是指企业用其资产偿还长期债务和短期债务的能力，是反映企业财务状况和经营能力的重要标志。企业偿债能力有静态和动态之分，静态是指用企业资产清偿企业债务的能力；动态是指用企业资产和经营过程创造的收益偿还债务的能力。企业有无支付现金的能力和偿还债务能力，是企业能否生存和健康发展的关键。企业偿债能力分析是企业财务分析的重要组成部分。

分析企业偿债能力的指标主要有：流动比率、速动比率、现金流动负债比率、资产负债率、利息支付倍数。

一、流动比率

（一）定义及公式

流动比率，表示每1元流动负债有多少流动资产作为偿还的保证。它反映企业流动资产对流动负债的保障程度。公式如下：

流动比率=流动资产 ÷ 流动负债

（二）分析要点

一般情况下，该指标越大，表明企业短期偿债能力越强。通常，该指标在2左右较好。在运用该指标分析企业短期偿债能力时，还应结合存货的规模大小、周转速度、变现能力和变现价值等指标进行综合分析。如果某一企业虽然流动比率很高，但其存货规模大，周转速度慢，有可能造成存货变现能力弱，变现价值低，那么，该企业的实际短期偿债能力就要比指标反映的弱。而速动比率则能避免这种情况的发生，因为速动资产就是指流动资产中容易变现的那部分资产。

二、速动比率

（一）定义及公式

速动比率表示每1元流动负债有多少速动资产作为偿还的保证，进一步反映流动负债的保障程度。公式如下：

速动比率=（流动资产—存货净额）÷ 流动负债

（二）分析要点

一般情况下，该指标越大，表明企业短期偿债能力越强，通常该指标在1左右较好。在运用该指标分析企业短期偿债能力时，应结合应收账款的规模、周转速度和其他应收款的规模，以及它们的变现能力进行综合分析。如果你的企业速动比率虽然很高，但应收账款周转速度慢，且它与其他应收款的规模大，变现能力差，那么你的企业较为真实的短期偿债能力要比该指标反映的差。

如果发现某些流动资产项目的变现能力差或无法变现，那么在运用流动比率和速动比率分析企业短期偿债能力时，还应扣除这些项目的影响。

三、现金流动负债比率

（一）定义及计算公式

现金流动负债比率，是企业一定时期的经营现金净流量同流动负债的比率，它可以从现金流量角度来反映企业当期偿付短期负债的能力。公式如下：

$$\text{现金流动负债比率}=\text{年经营现金净流量}\div\text{年末流动负债}$$

（二）分析要点

该指标从现金流入和流出的动态角度对企业的实际偿债能力进行考察，反映本期经营活动所产生的现金净流量足以抵付流动负债的倍数。

一般该指标大于1，表示企业流动负债的偿还有可靠保证。该指标越大，表明企业经营活动产生的现金净流量越多，越能保障企业按期偿还到期债务，但也并不是越大越好，该指标过大则表明企业现在的生产能力不能充分吸收现有的资产，使资产过多地停留在盈利能力较低的流动资金上（如银行存款只能获取存款利息），从而降低了企业的盈利能力。

四、资产负债率

（一）定义与计算公式

资产负债率是全部负债总额除以全部资产总额的百分比，也就是负债总额与资产总额的比例关系，也称之为债务比率。资产负债率反映在资产总额中有多大比例是通过借债筹资的，用于衡量企业利用债权人资金进行财务活动的能力，同时，也能反映企业在清算时对债权人利益的保护程度。其计算公式如下：

$$\text{资产负债率}=\frac{\text{负债总额}}{\text{资产总额}}\times100\%$$

资产负债率是衡量企业负债水平及风险程度的重要标志。

（二）分析要点

资产负债率又称财务杠杆，由于所有者权益不需偿还，所以财务杠杆越高，债权人所受的保障就越低。但这并不是说财务杠杆越低越好，因为一定的负债表明企业的管理者能够有效地运用股东的资金，帮助股东用较少的资金进行较大规模的经营，所以财务杠杆过低说明企业没有很好地利用其资金。

通常情况下，企业的资产负债率越大，企业面临的财务风险越大。合理稳健的财务结构的资产负债率保持在55%～65%，资产负债率在70%以上就应当警惕企业极易发生财务风险的可能。

五、利息支付倍数

（一）定义及计算公式

利息支付倍数，表示息税前收益对利息费用的倍数，反映企业负债经营的财务风险程度。公式如下：

利息支付倍数＝息税前利润 ÷ 利息费用＝(利润总额＋利息费用)÷ 利息费用

公式中的“利息费用”不仅包括财务费用中的利息费用，还应包括计入固定资产成本的资本化利息。

（二）分析要点

利息保障倍数不仅反映了企业获利能力的大小，而且反映了获利能力对偿还到期债务的保证程度，它既是企业举债经营的前提依据，也是衡量企业长期偿债能力大小的重要标志。

要维持正常偿债能力，利息保障倍数至少应大于1，且比值越高，企业长期偿债能力越强，负债经营的财务风险越小。

如果倍数低于1倍，便意味这家企业赚取的利润根本不足以支付利息，企业将面临亏损、偿债的安全性与稳定性下降的风险。

第二节　企业运营能力评价

营运能力是以企业各项资产的周转速度来衡量企业资产利用的效率。周转速度越快，表明企业的各项资产进入生产、销售等经营环节的速度越快，那么其形成收入和利润的周期就越短，经营效率就越高。一般来说，分析企业运营能力的指标主要有：流动资产周转率、存货周转率、应收账款周转率、固定资产周转率、总资产周转率等。

一、流动资产周转率

（一）定义及计算公式

流动资产周转率，既是反映流动资产周转速度的指标，也是综合反映流动资产利用效果的基本指标，它是一定时期流动资产平均占用额和流动资产周转额的比率，是用流动资产的占用量和其所完成的工作量的关系，来表明流动资产的使用经济效益。流动资产周转率计算公式如下：

流动资产周转次数=主营业务收入净额 ÷ 流动资产平均余额

流动资产周转天数=计算期天数 ÷ 流动资产周转次数

对于计算期天数，为了计算方便，全年按360天计算，全季按90天计算，全月按30天计算。对于流动资产平均余额的确定，要注意用平均占用额而不能用期末或期初占用额。周转额一般指企业在报告期中有多少流动资产从货币到商品再到货币这一循环过程的流动资产数额，它既可用销售收入表示，也可用销售成本表示。

（二）分析要点

流动资产在一定时期的周转次数越多，也就是每周转一次所需要的天数越少，周转速度就越快，流动资产营运能力就越好；反之，周转速度则慢，流动资产营运能力就越差。

二、存货周转率

（一）定义及计算公式

存货周转率是指企业在一定时期内存货占用资金可周转的次数，或存货每周转一次所需要的天数。因此，存货周转率指标有存货周转次数和存货周转天数两种形式。其计算公式为：

存货周转率=销售（营业）成本 ÷ 存货平均余额 ×100%

存货周转率=销售（营业）收入 ÷ 存货平均余额 ×100%

存货周转天数=360天 ÷ 存货周转率

应当注意，存货周转次数和周转天数的实质是相同的，但是其评价标准却不同，存货周转次数是个正指标，因此，周转次数越多越好。

（二）分析要点

一般来说，存货周转率越高，则存货积压的风险就越小，资金使用效率就越高。相反，存货周转率低，说明企业在存货管理上存在较多问题。

影响存货周转率的因素很多.但它主要还受材料周转率、在产品周转率和产成品周转率的影响。通过不同时期存货周转率的比较，可评价存货管理水平，查找出影响存货利用效果变动的原因，不断提高存货管理水平。

提醒您

当存货周转速度偏低时，可能由以下原因引起。

（1）经营不善，产品滞销。

（2）预测存货将升值，而故意囤积居奇，以等待时机获取重利。

（3）企业销售政策发生变化。

三、应收账款周转率

（一）定义及计算公式

应收账款周转率反映应收账款的变现速度，是对流动资产周转率的补充说明。计算公式如下：

应收账款周转率=销售（营业）收入净额 ÷ 应收账款平均余额 ×100%

应收账款平均余额=（期初应收账款+期末应收账款）÷2

应收账款周转天数=360天 ÷ 应收账款周转率。

（二）应收账款周转率分析的意义

应收账款周转率反映企业应收账款变现速度的快慢及管理效率的高低。

周转率高，表明企业收账迅速，账龄期限较短，可以减少收账费用和坏账损失，从而相对增加企业流动资产的投资收益。

当然，周转率太高，也不利于企业扩大销售，提高产品市场占有率。

企业应加强对应收账款的管理，管理的目标应是在发挥应收账款强化竞争、扩大销售的同时，尽可能降低应收账款投资的机会成本、坏账损失与管理成本。

具体来说，要制订严格合理有效的应收账款管理措施。

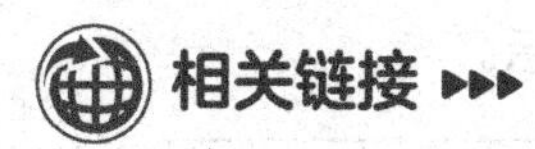

应收账款管理措施

一、制订合理的信用标准

制订合理的信用标准是指给客户制订出要获得赊销必须具备的条件，这些条件主要包括以下3个方面。

（1）偿债能力指标，通常以流动比率、速动比率、现金比率、产权比率等作为标准。

（2）营运能力指标，以存货周转率、应收账款周转率等作为标准。

（3）盈利能力指标，以已获利息倍数、总资产息税前利润率、净资产收益率等作为标准。

这些指标应达到一定的标准，企业才能进行赊销，否则，宁可不销，也要避免坏账的产生。

信用标准定得过高，有利于降低违约风险及收账费用，不利之处是使许多客户因信用品质达不到标准而被拒之门外，从而影响企业市场竞争能力的提高和销售收入的扩大。

相反，如果企业采用较低的信用标准，虽然有利于扩大销售，提高市场竞争力和占有率，但同时也需要冒较大的坏账损失风险和支付较高的收账费用。

这样，就要求企业根据自身抗风险能力、市场竞争激烈程度、客户的资信程度，来确定一个既为客户所能接受又有利于销售的信用标准。

二、制订合适的信用条件

即制订具体的客户付款条件，主要包括信用期限（企业要求客户付款的最长期限）、折扣期限（客户获得折扣的付款期限）、现金折扣（客户在折扣期内付款获得的现金折扣率）。

三、制订有效的收账方针

当客户违反信用条件，拖欠甚至拒付账款时，企业应及时采取措施，加以催收。企业应根据欠款的多少、不同信用品质的客户，采取不同的措施，多渠道、多方法、有重点地催收。

总之，计算并分析应收账款周转率的目的，在于促进企业通过制订合理赊销政策、严格购销合同管理、及时结算等途径，加强应收账款的前中后期管理，加快应收账款回收速度。

（三）应收账款周转率的分析要点

对应收账款周转率的分析，应注意的问题，如图6-1所示。

要点一	影响应收账款周转率下降的原因主要是企业的信用政策、客户故意拖延和客户财务困难
要点二	应收账款是时点指标，易于受季节性、偶然性和人为因素的影响，为了使该指标尽可能接近实际值，计算平均数时应采用尽可能详细的资料
要点三	过快的应收账款周转率可能是由紧缩的信用政策引起的，其结果可能会危及企业的销售增长，损害企业的市场占有率
要点四	若现金销售比例较大，该比率作用就小
要点五	销售波动越大，该比率被歪曲的可能性越大

图6-1　应收账款周转率的分析要点

四、固定资产周转率

（一）定义及计算公式

固定资产周转率是一定时期所实现的收入同固定资产平均占用总值之间的比率，其计算公式如下：

固定资产周转率=销售（营业）收入净额÷平均固定资产净值×100%

固定资产周转天数=360天÷固定资产周转率

（二）分析要点

固定资产周转率指标的数值越高，就表示一定时期内固定资产提供的收入越多，说明固定资产利用效果越好。因为收入指标比总产值更能准确地反映经济效益，因此固定资产周转率能更好地反映固定资产的利用效果。

固定资产周转率高，表明企业固定资产投资得当，固定资产结构合理，能够充分发挥效率。反之，则表明固定资产使用效率不高，提供的生产成果不多，企业的运营能力不强。

特别提示

固定资产结构合理，是指企业生产用和非生产用固定资产保持一个恰当的比例，即生产用固定资产应全部投入使用，能满负荷运行，并能完全满足生产经营的需要，非生产用固定资产应能确实担当起服务的职责。

五、总资产周转率

（一）定义及计算公式

总资产周转率是综合评价企业全部资产经营质量和利用效率的重要指标。计算公式如下：

总资产周转率=销售（营业）收入净额 ÷ 平均资产余额 ×100%

总资产周转天数=360天 ÷ 总资产周转率

（二）分析要点

该指标反映了企业收入与资产占用之间的关系。通常，总资产周转率越高，反映企业全部资产营运能力越强、营运效率越高。

由于总资产是由流动资产、固定资产、长期投资、无形资产等组成，所以总资产周转率的高低取决于这些资产的利用效率，可分项进行计算和分析，从中找到影响总资产周转率高低的原因，以便采取对策，解决存在的问题。

要对总资产周转率做出客观全面的分析，企业还应从以下两方面入手。

（1）纵向比较。对企业近几年来的总资产周转率进行对比。

（2）横向比较。将本企业与同类企业的总资产周转率对比。

通过纵横比较，就可以发现企业在资产利用上取得的成绩与存在的问题，从而促使企业加强经营管理，提高总资产利用率。

 **相关链接** ▸▸▸

总资产周转率快慢的取决因素

总资产周转率的快慢取决于以下两大因素。

1.流动资产周转率

因为流动资产的周转速度往往高于其他类资产的周转速度，加速流动资产周转，就会使总资产周转速度加快，反之则会使总资产周转速度减慢。

2.流动资产占总资产的比重

因为流动资产周转速度快于其他类资产周转速度，所以，企业流动资产所占比例越大，总资产周转速度越快，反之则越慢。

第三节　企业盈利能力评价

企业盈利能力是各方面关心的核心，是投资者取得投资收益、债权人收取本息的资金来源，是经营者经营业绩和管理效能的集中表现，也是职工集体福利设施不断完善的重要保障。只有长期盈利，企业才能真正做到持续经营，因此无论是投资者还是债权人，都对反映企业盈利能力的比率非常重视。

你可以利用会计报表所提供的信息，从表6-1所列的五个角度来评价企业的盈利能力。

表6-1　企业盈利能力评价指标表

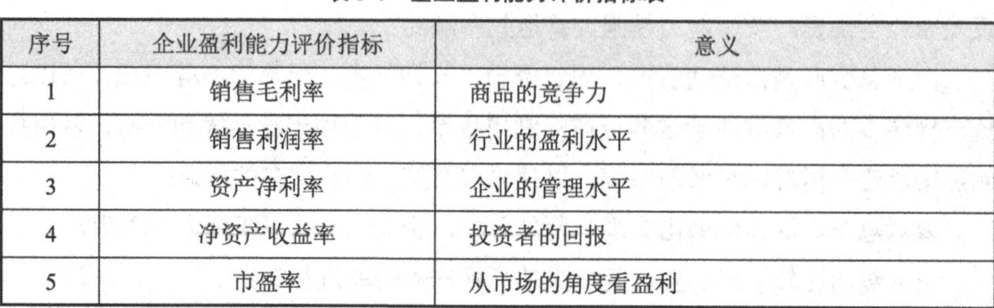

序号	企业盈利能力评价指标	意义
1	销售毛利率	商品的竞争力
2	销售利润率	行业的盈利水平
3	资产净利率	企业的管理水平
4	净资产收益率	投资者的回报
5	市盈率	从市场的角度看盈利

一、销售毛利率

（一）定义及计算公式

销售毛利率反映了企业产品或商品销售的初始获利能力，从企业营销策略来看，没有足够大的毛利率便不能形成较大的盈利。

销售毛利率的计算公式为：

销售毛利率=销售毛利 ÷ 销售收入 ×100%
=（销售收入—销售成本）÷ 销售收入 ×100%

所谓毛利，是指净销售收入与销货成本之间的差额，而销货成本则是期初存货加上期间进货再减去期末存货的结果。

有的企业还经常使用销货成本率，这一比率，计算公式为：

销货成本率=销货成本 ÷ 销售净额 ×100%

它实际上等于1减去毛利率后的余数，或者反过来说，毛利率等于1减去销货成本率。

总而言之，毛利率或销货成本率是商品售价与生产成本各种组合关系的反映，而售价和成本又直接受销售数量的影响。

（二）分析要点

销售毛利率主要考察企业商品在市场上竞争能力的强弱，如果企业的销售毛利率指标高，那么这个企业的商品在市场上竞争能力就强；相反，如果这个指标低，就说明企业商品的竞争力弱。

相关链接 ▸▸▸

导致毛利率下降的原因

导致毛利率下降的原因如下。

（1）因竞争而降低售价。

（2）购货成本或生产成本上升。

（3）生产或经销的产品或商品的结构发生变化——毛利率水平较高的产品（商品）的生产（销售）量占总量的比重的下降，其可能的原因是市场变化。

（4）发生严重的存货损失（指在定期实地盘存制下）。

假如企业的毛利率或销货成本率发生了变化，其原因分析可从以下方面着手。

① 原材料、中间产品的成本增加，还是支付给工人的工资增加了，或是能源及其他公用事业费用提高了？

② 薄利的商品卖多了还是由于竞争激烈企业被迫减价出售商品？

③ 生产技术、营销手段过时、落后还是新近开发投产的新产品的成本过高了？

会计制度或准则中有关存货和折旧等处理方法变更引起企业当期利润减少等，所有这些原因都有可能引起企业的销货成本率提高和毛利率下降。

二、销售利润率

（一）定义及公式

销售利润率是一定时期的销售利润总额与销售收入总额的比率。它表明单位销售收入获得的利润，反映销售收入和利润的关系。公式如下：

$$销售利润率=利润总额\div营业收入\times100\%$$

息税前利润率也称基本获利率，是企业的息税前利润与总资产平均余额之比。该指标反映企业总体的获利能力。公式如下：

息税前利润率=（利润总额+利息费用）÷营业收入×100%

这个指标不考虑企业资金来源，可消除由于举债经营而支付的利息对利润水平产生的影响，便于企业前后期的分析比较。

（二）比率的意义

这一比率的意义在于：指标的变化反映企业经营理财状况的稳定性、面临的危险或可能出现的转机。

销售利润率指标体现了企业经营活动最基本的盈利能力，如果一个企业没有足够大的销售利润率，将很难形成企业的最终利润。因此，将销售利润率指标与企业的销售收入、销售成本等因素结合起来进行分析，就能够充分揭示出企业在成本控制、费用管理、产品销售以及经营策略等方面的成绩与不足。同时，该指标越高，说明企业产品的定价科学，产品附加值高，营销策略得当，主营业务市场竞争力强，发展潜力大，盈利水平高。

（三）分析要点

（1）结果越大，说明每百元销售收入净额所取得的利润总额越多。

（2）比营业利润率更具综合性。

三、资产净利率

（一）定义及计算公式

净资产收益率是指企业一定时期内的净利润同平均净资产的比率。净资产收益率充分体现了投资者投入企业的自有资本获取净收益的能力，突出反映了投资与报酬的关系。公式如下：

净资产收益率=净利润÷平均净资产×100%

（二）分析要点

该比率的意义在于：将该比率与前一比率作比较，可以反映财务杠杆及所得税对企业最终的资产获利水平的影响。

一般认为，此项比率越高，表明资产利用的效益越好，整个企业获利能力越强，经营管理水平越高。

实例

A公司资产净利率的计算，见下表。

A公司资产净利率计算表　　单位：万元

项　目	2012年	2013年	2014年
净利润	10289	23066	25387
资产平均总额	761954	859123	897041
资产净利率	1.35%	2.68%	2.83%

由上表可知，近三年该公司资产净利率呈上升趋势，特别是2013年上升幅度较大，可能与市场波动有关，但公司资产净利率较低，属于微利企业。

四、净资产收益率

（一）定义及计算公式

净资产收益率是公司税后利润除以净资产得到的百分比率，用以衡量公司运用自有资本的效率。净资产收益率可衡量公司对股东投入资本的利用效率。计算公式为：

净资产收益率=净利润 ÷ 净资产平均余额 ×100%

（二）分析要点

（1）净资产收益率越高，说明投东投资的收益水平越高，盈利能力越强，经营能力越强。反之，则收益水平不高，获利能力不强。

（2）月净资产收益率与年净资产收益率应换算。

五、市盈率

（一）定义及计算公式

市盈率是股份企业或者上市企业中表明企业盈利能力的指标。市盈率的计算公式为：

市盈率=股票的现价 ÷ 每股盈余

（二）分析要点

市盈率表明股票价格与企业盈利有直接关系。市盈率越高，表明市场对企业股票的认同越大。相反，市盈率越低，表明市场对企业股票的认同就越小。当然，在一个不正常的市场上，股票价格与企业盈利的关系就不那么明显，因为股票的价格除了受经济因素影响外，还会受到非经济因素的影响。

第四节　企业发展能力评价

企业发展能力是指企业未来发展趋势与发展速度，包括企业规模的扩大、利润和所有者权益的增加。企业发展能力分析的目的是为了说明企业的长远扩展能力、企业未来生产经营实力。对企业发展能力的分析，也可以判断企业未来经营活动现金流量的变动趋势，预测未来现金流量的大小。

企业发展能力分析的指标主要包括：主营业务增长率、主营利润增长率、净利润增长率、资本积累率。

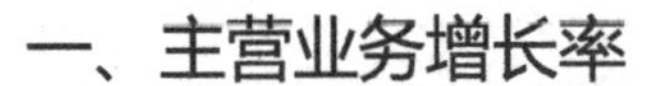

一、主营业务增长率

（一）定义及计算公式

主营业务增长率是企业本年营业收入增长额与上年营业收入总额的比率，反映营业收入的增减变动情况。其计算公式为：

$$主营业务增长率=（本期主营业务收入-上期主要业务收入）\div 上期主营业务收入\times 100\%$$

（二）分析要点

主营业务收入增长率可以用来衡量企业的产品生命周期，判断企业发展所处的阶段。

（1）如果主营业务收入增长率超过10%，说明企业产品处于成长期，将继续保持较好的增长势头，尚未面临产品更新的风险，属于成长型企业。

（2）如果主营业务收入增长率在5%～10%，说明企业产品已进入稳定期，不久将进入衰退期，需要着手开发新产品。

（3）如果该比率低于5%，说明企业产品已进入衰退期，保持市场份额已经很困难，主营业务利润开始滑坡。

（4）主营业务收入增长率高，表明企业产品的市场需求大，业务扩张能力强。

二、主营利润增长率

（一）定义及计算公式

主营利润增长率就是本期主营业务利润减去上期主营业务利润之差再除以上期主营业务利润的比值。该指标体现的是公司主营利润的增长速度。其计算公式为：

$$主营利润增长率=（本期主营业务利润-上期主营业务利润）\div 上期主营业务利润\times 100\%$$

（二）分析要点

一般来说，主营利润稳定增长且占利润总额的比例呈增长趋势的企业成长能力强。一些企业尽管年度内利润总额有增加，但主营业务利润却未相应增加，甚至大幅下降，这样的企业质量不高，可能蕴藏着巨大的风险。

三、净利润增长率

（一）定义及计算公式

净利润增长率代表企业当期净利润比上期净利润的增长幅度，指标值越大代表企业盈利能力越强。净利润增长率的计算公式为：

$$净利润增长率=（本期净利润总额-上期净利润总额）\div 上期净利润总额\times 100\%$$

（二）分析要点

净利润增长率反映了企业实现价值最大化的扩张速度，是综合衡量企业资产营运与管理业绩，以及成长状况和发展能力的重要指标。净利润增长幅较大，表明企业的经营业绩突出，市场竞争能力强。反之，净利润增幅小甚至出现负增长也就谈不上具有成长性。

四、资本积累率

（一）定义及计算公式

资本积累率即股东权益增长率，指的是企业当年所有者权益增长额同年初所有者权益的比率。资本积累率表示企业当年资本积累能力，是评价企业发展潜力的重要指标。公式如下：

资本积累率=(年末所有者权益—年初所有者权益)÷
年初的所有者权益×100%

(二)分析要点

资本积累率反映了投资者投入企业资本的保全性和增长性,该指标越高,表明企业的资本积累越多,企业资本保全性越强,持续发展的能力越大。该指标如为负值,表明企业资本受到侵蚀,所有者利益受到损害,应予充分重视。资本积累率体现了企业资本的积累情况,是企业发展强盛的标志,也是企业扩大再生产的源泉,展示了企业的发展潜力。

特别提示

以上评价指标在具体运用评价时,评价的基本方法就是比较法。好和坏是相比较而言的,只要找到了评价标准,就能够知道评价的结果。而通常所选用的评价标准有如下两个。

(1)与企业不同期间比较。通常和上年度作比较。例如,毛利率比上年是增加还是下降,产品的获利水平是提高还是降低了。

(2)与同行业企业相比较。企业可以和同行业先进企业进行比较,也可与同行业的平均水平作比较,可以发现企业的优势和不足,找到差距,从而改进经营方针政策和措施。

第七章 税务常识

引言

依法纳税是每个企业和公民应尽的义务，学习和了解国家税收政策和有关规定对于确保合法经营和企业正常业务的开展具有十分重要的意义。

作为一个企业的老板，了解必要的税务知识是非常必要的，这不只是财务人员的事情。税务知识是非常专业的知识，老板当然不需要精通，但一定要懂一点，知道有哪些税种，知道企业的税负情况，知道日常经营活动中的涉税问题、发票与收据的真伪、税务部门检查的应对。

第一节　我国税收种类

税收是国家为满足社会公共需要，凭借公共权力，按照法律所规定的标准和程序，参与国民收入分配，强制地、无偿地取得财政收入的一种特定分配方式。它体现了国家与纳税人在征收、纳税的利益分配上的一种特殊关系，是一定社会制度下的一种特定分配关系。税收收入是国家财政收入的最主要来源。

目前我国在征税上主要分为五大类、十七个税种，如图7-1所示。

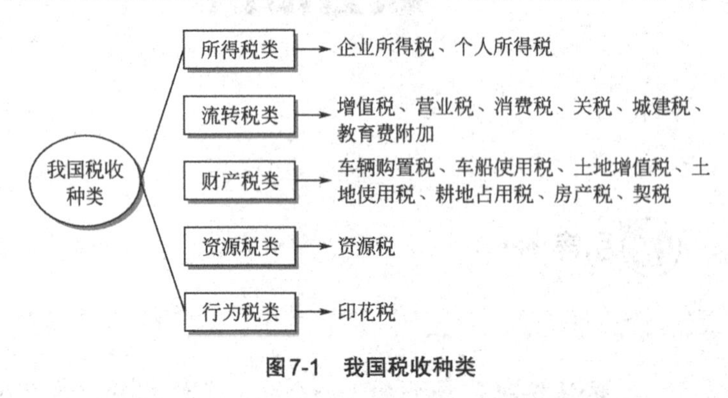

图7-1　我国税收种类

一、个人所得税

个人所得税是对在中国境内有住所，或者无住所而在中国境内居住满1年的个人，从中国境内和境外取得所得的，以及在中国境内无住所又不居住或者无住所而在境内居住不满1年的个人，从中国境内取得所得征收的一种税。自2011年9月1日起，中国内地个税免征额调至3500元。

（一）个人所得税的征税项目及税务率

（1）个人所得税的税率见表7-1。

表7-1　个人所得税的税率

序号	应税项目	税率（累进、比例20%）	扣除标准
1	工资、薪金所得	七级超额累进税率	月扣除3500元（或4800元）
2	个体工商户生产、经营所得	五级超额累进税率	每一纳税年度的收入总额减除成本、费用以及损失
3	对企事业单位承包经营、承租经营所得	五级超额累进税率	每一纳税年度的收入总额，减除必要费用（每月3500元）

续表

序号	应税项目	税率（累进、比例20%）	扣除标准
4	劳务报酬所得	20%，但有加成征收规定一次取得的劳务报酬应纳税所得额20000元以上加成征收，即20000元至50000元，税率30%，50000元以上，税率40%	每次收入≤4000元：定额扣800元 每次收入＞4000元：定率扣20%
5	稿酬所得	20%，"特殊"按应纳税额减征30%	
6	特许权使用费所得	20%	
7	财产租赁所得	20%，"特殊"出租居民住用房适用10%的税率	
8	财产转让所得	20%	收入额减除财产原值和合理费用
9	利息、股息、红利所得	20%，"特殊"储蓄存款在2007年8月15日后孳生的利息所得适用5%的税率，2008年10月9日起免税	无费用扣除，以每次收入为应纳税所得额
10	偶然所得	20%	
11	其他所得	20%	

（2）工资、薪金所得适用个人所得税累进税率见表7-2。

表7-2　工资、薪金所得适用个人所得税累进税率表

级数、全月应纳税所得额		税率/%	速算扣除数
1	不超过1500元	3	0
2	超过1500元至4500元	10	105
3	超过4500元至9000元	20	555
4	超过9000元至35000元	25	1005
5	超过35000元至55000元	30	2755
6	超过55000元至80000元	35	5505
7	超过80000元	45	13505

（3）个体工商户的生产、经营所得个人所得税累进税率见表7-3。

表7-3　个体工商户的生产、经营所得个人所得税累进税率表

级数、全年应纳税所得额		全年应纳税所得额税率/%	速算扣除数
1	不超过15000元的	5	0
2	超过15000元至30000元的部分	10	750
3	超过30000元至60000元的部分	20	3750
4	超过60000元至100000元的部分	30	9750
5	超过100000元的部分	35	14750

（二）个人所得税纳税期限

（1）每月应纳的税款，都应当在次月15日内缴入国库。

（2）个体工商户的生产经营所得应纳的税款，按年计算，分月预缴，由纳税义务人在次月15日内预缴，年度终了后3个月内汇算清缴，多退少补。

（3）从中国境外取得所得的纳税义务人，应当在年度终了后30日内，将应纳税款缴入国库，并向税务机关报送纳税申报表。

二、企业所得税

企业所得税是指对中华人民共和国境内的企业（居民企业及非居民企业）和其他取得收入的组织以其生产经营所得为课税对象所征收的一种所得税。

（一）税率

按照现行《中华人民共和国企业所得税法》（以下简称《企业所得税法》）的规定，企业所得税税率为25%，符合条件的小型微利企业，经主管税务机关批准，企业所得税税率按20%计算。

（二）征收方式

企业所得税的征收方式，分为两种，一是查账征收，二是核定征收。具体如图7-2所示。

方式一　查账征收

查账征收的，应交企业所得税=应纳税所得额×适用税率（25%）计算缴纳；
应纳税所得额=收入−成本（费用）−税金＋营业外收入−营业外支出＋(−)纳税调整额

方式二　核定征收

核定征收的，应交企业所得税=应税收入额×所得率×适用税率

图7-2　企业所得税的征收方式

三、增值税

增值税是对销售货物或者提供加工、修理修配劳务以及进口货物的单位和个人就其实现的增值额征收的一个税种。

（一）增值税的征税范围

增值税的征税范围包括销售（包括进口）货物、提供加工及修理修配劳务、提供应税服务，见表7-4。

表7-4　增值税的征税范围

<table>
<tr><th>应税范围</th><th>目录</th><th>子目</th></tr>
<tr><td colspan="3">销售货物、进口货物</td></tr>
<tr><td rowspan="2">加工、修理修配劳务</td><td colspan="2">加工劳务</td></tr>
<tr><td></td><td>修理、修配劳务</td></tr>
<tr><td rowspan="8">部分现代服务业</td><td>研发和技术服务</td><td>包括研发服务、技术转让服务、技术咨询服务、合同能源管理服务、工程勘察勘探服务</td></tr>
<tr><td>信息技术服务</td><td>包括软件服务、电路设计及测试服务、信息系统服务、业务流程管理服务</td></tr>
<tr><td>文化创意服务</td><td>包括设计服务、商标著作权转让服务、知识产权服务、广告服务、会议展览服务</td></tr>
<tr><td>物流辅助服务</td><td>包括航空服务、港口码头服务、货运客运场站服务、打捞救助服务、货物运输代理服务、代理报关服务、仓储服务、装卸搬运服务</td></tr>
<tr><td>有形动产租赁服务</td><td>包括有形动产融资租赁、有形动产经营性租赁</td></tr>
<tr><td>鉴证咨询服务</td><td>包括认证、鉴证、咨询服务</td></tr>
<tr><td>广播影视服务</td><td>包括广播影视节目（作品）制作服务和发行、播映服务</td></tr>
<tr><td></td><td></td></tr>
<tr><td>交通运输业</td><td colspan="2">包括陆路运输服务、水路运输服务、航空运输服务、管道运输服务、铁路运输服务</td></tr>
<tr><td>邮政通信业</td><td colspan="2">包括邮政业、电信业</td></tr>
</table>

（二）增值税的税率和征税率

根据确定增值税税率的基本原则，我国增值税设置了一档基本税率和一档低税率，此外还有对出口货物实施的零税率。营业税改增值税的改革试点，还增设了11%、6%的低税率。见表7-5。

表7-5 增值税的税率和征税率

税率和征收率		基本规定
税率	基本税率17%	（1）纳税人销售或者进口货物，除使用低税率和零税率的外，税率为17% （2）纳税人提供加工、修理修配劳务（以下称应税劳务），税率为17% （3）有形动产租赁服务适用17%的税率
	低税率13%	（1）农业产品、食用植物油 （2）自来水、暖气、冷气、热水、煤气、石油液化气、天然气、沼气、居民用煤炭制品 （3）图书、报纸、杂志 （4）饲料、化肥、农药、农机、农膜 （5）国务院规定的其他货物：音像制品、电子出版物、食用盐、二甲醚
	试点低税率11%和6%	（1）交通运输业服务业、邮政业、基础电信业11% （2）其他部分现代服务业服务、电信业增值服务适用6%的税率
	零税率	纳税人出口货物，税率为零，但是，国务院另有规定的除外
征收率		（1）增值税一般纳税人在特殊情况下也会适用4%、6%的征收率 （2）增值税小规模纳税人适用3%的征收率

（三）增值税的纳税期限

纳税人销售货物、提供应税劳务，提供应税服务以一个月或者一个季度为一期纳税的，自期满之日起15日内申报纳税；以1日、3日、5日、10日或15日为一期纳税的，自期满之日起5日内预缴税款，次月1日起15日内申报纳税并结清上月应纳税款。

纳税人进口货物的，应当自海关填发海关进口增值税专用缴款书之日起15日内缴纳税款。纳税人出口货物适用退（免）税规定的，应当向海关办理出口手续，凭出口报关单等有关凭证，在规定的出口退（免）税申报期内按月向主管税务机关申报办理该项出口货物的退（免）税。

相关链接 ▸▸▸

小微企业免征增值税和营业税

2014年9月17日，国务院召开常务会议，决定进一步支持小微企业发展。为落实国务院会议精神，我局会同财政部联合印发了《关于进一步支持小微企业增值税和营业税政策的通知》[财税（2014）71号]，明确自2014年10月1日至2015年12月31日，对月销售额2万元至3万元的增值税小规模纳税人和营业税纳税人，免征增值税或营业税。

为便于免征小微企业增值税和营业税政策的贯彻落实，针对按季纳税、兼营不同应税项目、专用发票开具等问题，税务总局发布了《国家税务总局关于小微企业免征增值税和营业税有关问题的公告》，对相关事项进行明确。公告的内容如下。

国家税务总局

关于小微企业免征增值税和营业税有关问题的公告

国家税务总局公告2014年第57号

根据《中华人民共和国增值税暂行条例》及实施细则、《中华人民共和国营业税暂行条例》及实施细则、《财政部国家税务总局关于暂免征收部分小微企业增值税和营业税的通知》[财税（2013）52号]、《财政部国家税务总局关于进一步支持小微企业增值税和营业税政策的通知》[财税（2014）71号]，现将小微企业免征增值税和营业税有关问题公告如下。

一、增值税小规模纳税人和营业税纳税人，月销售额或营业额不超过3万元（含3万元，下同）的，按照上述文件规定免征增值税或营业税。其中，以1个季度为纳税期限的增值税小规模纳税人和营业税纳税人，季度销售额或营业额不超过9万元的，按照上述文件规定免征增值税或营业税。

二、增值税小规模纳税人兼营营业税应税项目的，应当分别核算增值税应税项目的销售额和营业税应税项目的营业额，月销售额不超过3万元（按季纳税9万元）的，免征增值税；月营业额不超过3万元（按季纳税9万元）的，免征营业税。

三、增值税小规模纳税人月销售额不超过3万元（按季纳税9万元）的，当期因代开增值税专用发票（含货物运输业增值税专用发票）已经缴纳的税款，在专用发票全部联次追回或者按规定开具红字专用发票后，可以向主管税务机关申请退还。

四、本公告自2014年10月1日起施行。《国家税务总局关于暂免征收部分小微企业增值税和营业税政策有关问题的公告》（国家税务总局公告2013年第49号）、《国家税务总局关于增值税起征点调整后有关问题的批复》[国税函（2003）1396号]同时废止。

特此公告。

国家税务总局

2014年10月11日

四、营业税

营业税是对在中国境内提供应税劳务、转让无形资产或销售不动产的单位和个人，就其所取得的营业额征收的一种税。

营业税改征增值税（以下简称“营改增”），自2012年1月1日开始在上海试点，历时近三年，范围已经覆盖交通运输业、部分现代服务业、铁路运输、邮政服务业、电信业等行业，到2015年将要全面完成此项改革任务。

2015年3月6日，财政部部长楼继伟在全国“两会”期间答记者问时表示，“营改增”是最伤脑筋的一个问题，2015年按照计划应该完成“营改增”的改革，也就是把生活服务业、金融业、建筑业以及房地产业的营业税全部改成增值税，改革成功的话，意味着自1994年1月1日起开征的营业税，将要退出税收的历史舞台。

（一）营业税的起征点

营业税起征点是指营业税的征税起点，只有大于或等于此营业额的才缴营业税。《中华人民共和国营业税暂行条例实施细则》第二十三条第三款修改为：“营业税起征点的幅度规定为，按期纳税的，为月营业额5000～20000元；按次纳税的，为每次（日）营业额300～500元。”营业税起征点的适用范围限于个人。

（二）营业税应纳税额的计算

营业税的计税依据为提供应税劳务、转让无形资产或销售不动产取得的全部价款和价外费用（又称营业额）。营业税应纳税额的计算公式见表7-6。

表7-6　营业税应纳税额的计算公式

序号	具体情况	计税公式
1	以收入全额为营业额	应纳营业税＝营业额×税率
2	以收入差额为营业额	应纳营业税＝（收入全额－允许扣除金额）×税率
3	按组成计税价格为营业额	应纳营业税＝组成计税价格×税率 组成计税价格＝营业成本×（1＋成本利润率）÷（1－营业税税率）

五、消费税

消费税是以消费品的流转额作为课税对象的各种税收的统称。消费税是在对货物普遍征收增值税的基础上，选择少数消费品再征收的一个税种，主要是为了调节产品结构，引导消费方向，保证国家财政收入。

（一）消费税的征收范围

现行消费税的征收范围主要包括：烟、酒及酒精、鞭炮、焰火、化妆品、成品油、贵重首饰及珠宝玉石、高尔夫球及球具、高档手表、游艇、木制一次性筷子、实木地板、汽车轮胎、摩托车、小汽车等税目，有的税目还进一步划分若干子目。

（二）消费税的税率

消费税的税率包括比例税率和定额税率两类。

（1）比例税率：多数应税消费品。

（2）定额税率：成品油、啤酒、黄酒。

（3）复合税率：卷烟和白酒。

消费税的税目及税率见表7-7。

表7-7 消费税的税目及税率

税　目	税　率
一、烟	
1.卷烟	
（1）甲类卷烟	56%加0.003元/支（生产环节）
（2）乙类卷烟	36%加0.003元/支（生产环节）
（3）批发环节	5%
2.雪茄烟	36%
3.烟丝	30%
二、酒及酒精	
1.白酒	20%加0.5元/500克（或者500毫升）
2.黄酒	240元/吨
3.啤酒	
（1）甲类啤酒	250元/吨
（2）乙类啤酒	220元/吨
4.其他酒	10%
5.酒精	5%
三、化妆品	30%
四、贵重首饰及珠宝玉石	
1.金银首饰、铂金首饰和钻石及钻石饰品	5%
2.其他贵重首饰和珠宝玉石	10%

续表

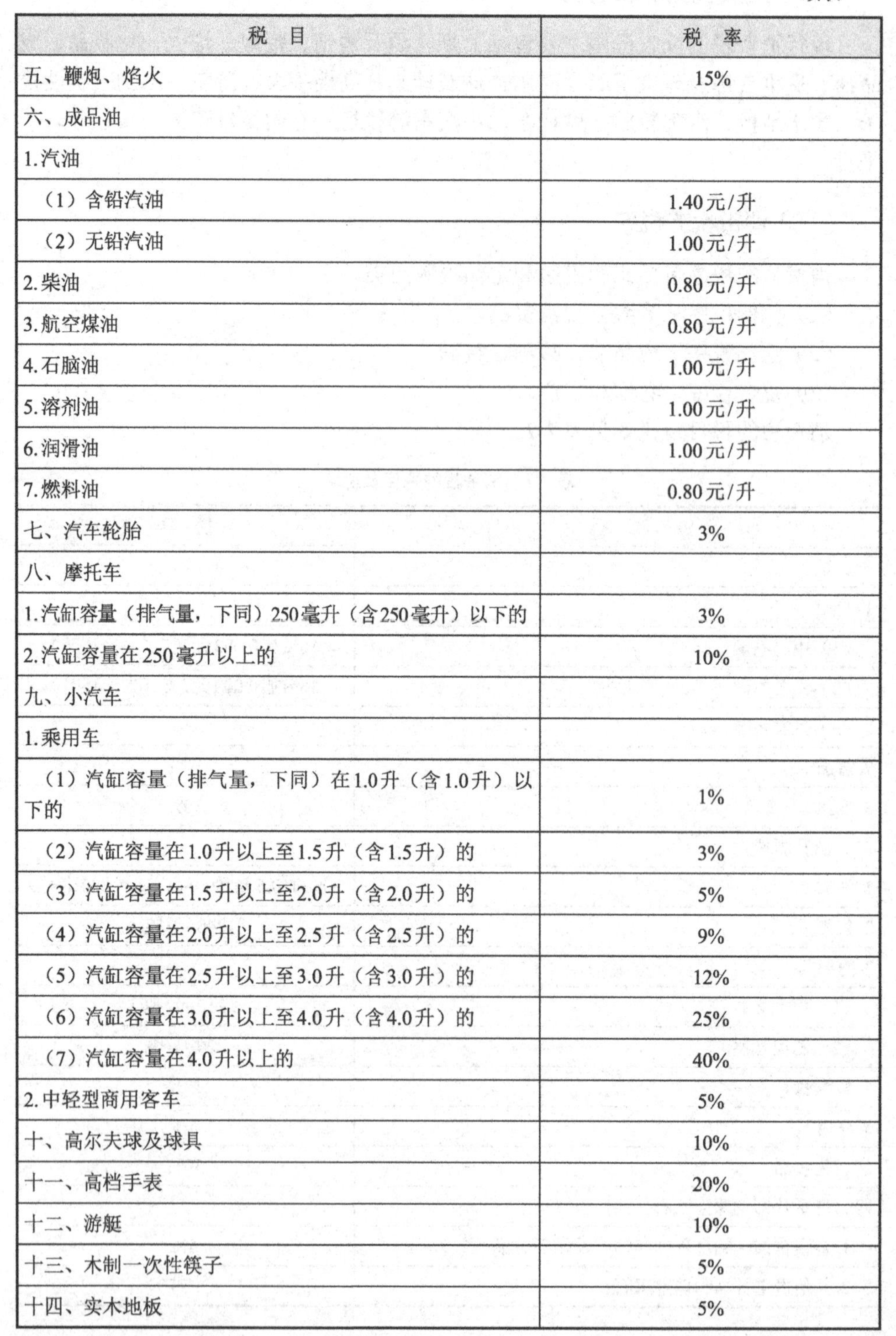

税目	税率
五、鞭炮、焰火	15%
六、成品油	
1.汽油	
（1）含铅汽油	1.40元/升
（2）无铅汽油	1.00元/升
2.柴油	0.80元/升
3.航空煤油	0.80元/升
4.石脑油	1.00元/升
5.溶剂油	1.00元/升
6.润滑油	1.00元/升
7.燃料油	0.80元/升
七、汽车轮胎	3%
八、摩托车	
1.汽缸容量（排气量，下同）250毫升（含250毫升）以下的	3%
2.汽缸容量在250毫升以上的	10%
九、小汽车	
1.乘用车	
（1）汽缸容量（排气量，下同）在1.0升（含1.0升）以下的	1%
（2）汽缸容量在1.0升以上至1.5升（含1.5升）的	3%
（3）汽缸容量在1.5升以上至2.0升（含2.0升）的	5%
（4）汽缸容量在2.0升以上至2.5升（含2.5升）的	9%
（5）汽缸容量在2.5升以上至3.0升（含3.0升）的	12%
（6）汽缸容量在3.0升以上至4.0升（含4.0升）的	25%
（7）汽缸容量在4.0升以上的	40%
2.中轻型商用客车	5%
十、高尔夫球及球具	10%
十一、高档手表	20%
十二、游艇	10%
十三、木制一次性筷子	5%
十四、实木地板	5%

（三）消费税的纳税环节

消费税只是在消费品生产、流通或消费的某一环节一次性征收，而不是在消费品生产、流通和消费的每一个环节征收。消费税的纳税环节，是应税消费品在流转过程中应当缴纳税款的环节。根据条例规定，具体有如图7-3所示的四种情况。

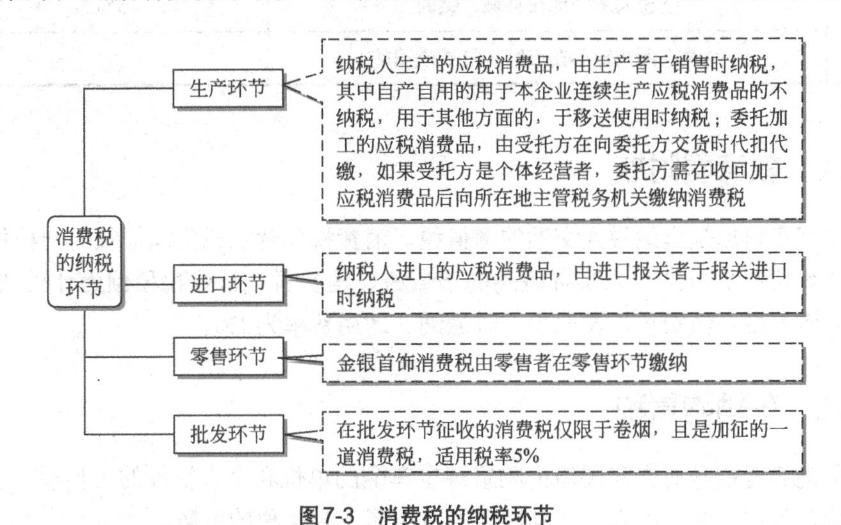

图7-3　消费税的纳税环节

六、关税

关税是指进出口商品在经过一国关境时，由政府设置的海关向进出口国所征收的税收。

关税的征税基础是关税完税价格。进口货物以海关审定的成交价值为基础的到岸价格为关税完税价格；出口货物以该货物销售与境外的离岸价格减去出口税后，经过海关审查确定的价格为完税价格。

关税应税额的计算公式为：

应纳税额=关税完税价格×适用税率

七、城市维护建设税

城市维护建设税，简称城建税，是我国为了加强城市的维护建设，扩大和稳定城市维护建设资金的来源，对有经营收入的单位和个人征收的一个税种。

城市维护建设税，以纳税人实际缴纳的增值税、消费税、营业税税额为计税依据，分别与增值税、消费税、营业税同时缴纳。

城市维护建设税税率见表7-8。

表7-8　城市维护建设税税率

序号	所在区域	税率
1	纳税人所在地在市区的	7%
2	纳税人所在地在县城、镇的	5%
3	纳税人所在地不在市区、县城或镇的	1%

八、教育费附加

教育费附加是指纳税人交纳的增值税、消费税和营业税附加征收的一种税。

教育费附加以纳税人实际缴纳的增值税、消费税、营业税税额为计税依据，分别与增值税、消费税、营业税同时缴纳。适用费率为3%。

九、车辆购置税

车辆购置税是对在我国境内购置规定车辆的单位和个人征收的一种税，它由车辆购置附加费演变而来。就其性质而言，属于直接税的范畴。

我国车辆购置税实行1.6升以上车辆为车辆购置价格（不含税）的10%，1.6升及以下车辆为车辆购置价格（不含税）的7.5%。

十、车船使用税

车船使用税是对在中华人民共和国境内，车辆、船舶（以下简称车船）的所有人或者管理人，按照其种类（如机动车辆、非机动车辆、载人汽车、载货汽车等）、吨位和规定的税额计算征收的一种使用行为税。

关于车船税的税率，国家定了一个范围，具体征收由地方政府自定，但是不能超出范围。企业在计算车船税率时要查询所在地政府的规定，见表7-9。

表7-9　车船税税目税额表

序号	税目		计量单位	年基准税额	备注
1	乘用车[按发动机汽缸容量（排气量）分档]	1.0升（含）以下的	每辆	60元至360元	核定载客人数9人（含）以下
		1.0升以上至1.6升（含）的		300元至540元	
		1.6升以上至2.0升（含）的		360元至660元	

续表

序号	税目		计量单位	年基准税额	备注
1	乘用车[按发动机汽缸容量（排气量）分档]	2.0升以上至2.5升（含）的	每辆	660元至1200元	核定载客人数9人（含）以下
		2.5升以上至3.0升（含）的		1200元至2400元	
		3.0升以上至4.0升（含）的		2400元至3600元	
		4.0升以上的		3600元至5400元	
2	商用车客车		每辆	480元至1440元	核定载客人数9人以上，包括电车
3	商用车货车		整备质量每吨	16元至120元	包括半挂牵引车、三轮汽车和低速载货汽车等
4	挂车		整备质量每吨	按照货车税额的50%计算	
5	其他车辆专用作业车		整备质量每吨	16元至120元	不包括拖拉机
6	其他车辆轮式专用机械车		整备质量每吨	16元至120元	不包括拖拉机
7	摩托车		每辆	36元至180元	
8	船舶机动船舶		净吨位每吨	3元至6元	拖船、非机动驳船分别按照机动船舶税额的50%计算
9	船舶游艇		艇身长度每米	600元至2000元	

十一、土地增值税

土地增值税是对土地使用权转让及出售建筑物时所产生的价格增值量征收的税种。土地价格增值额是指转让房地产取得的收入减除规定的房地产开发成本、费用等支出后的余额。

土地增值税是以转让房地产取得的收入，减除法定扣除项目金额后的增值额作为计税依据，并按照四级超率累进税率进行征收，见表7-10。

表7-10　土地增值税税率表

级数	计税依据	适用税率	速算扣除率
1	增值额未超过扣除项目金额50%的部分	30%	0
2	增值额超过扣除项目金额50%、未超过扣除项目金额100%的部分	40%	5%
3	增值额超过扣除项目金额100%、未超过扣除项目金额200%的部分	50%	15%
4	增值额超过扣除项目金额200%的部分	60%	35%

注：房地产企业建设普通住宅出售的，增值额未超过扣除金额20%的，免征土地增值税。

十二、城镇土地使用税

城镇土地使用税是对城市、县城、建制镇和工矿区内使用国有和集体所有的土地为征收对象的税种。纳税人是通过行政划拨取得土地使用权的单位和个人。

土地使用税是按每年每平方米征收的年税。城镇土地使用税是以开征范围的土地为征税对象，以实际占用的土地面积为计税标准，按规定税额对拥有土地使用权的单位和个人征收的一种行为税。

（一）征税范围

城市、县城、建制镇和工矿区内属于国家所有和集体所有的土地。

（二）税率

城镇土地使用税的税率见表7-11。

表7-11　城镇土地使用税的税率

序号	地区	税率
1	大城市	1.5～30元/平方米
2	中等城市	1.2～24元/平方米
3	小城市	0.9～18元/平方米
4	县城、建制镇、工矿区	0.6～12元/平方米

十三、耕地占用税

耕地占用税是对占用耕地建房或者从事其他非农建设为征收对象的税种，属于一次性税收。耕地占用税采用定额税率，其标准取决于人均占有耕地的数量和经济发达程度。

十四、房产税

房产税是以房屋为征税对象，按房屋的计税余值或租金收入为计税依据，向产权所有人征收的一种财产税，又称房屋税。

（一）税率

房产税依照房产原值一次减除10%至30%后的1.2%计征。房屋出租且无法确定房产原值的，按照年租金收入的18%计征城市房地产税，但各地规定略有不同。

（二）征税对象

房产税的征税对象是房产。所谓房产，是指有屋面和围护结构，能够遮风避雨，可供人们在其中生产、学习、工作、娱乐、居住或储藏物资的场所。独立于房屋的建筑物如围墙、暖房、水塔、烟囱、室外游泳池等不属于房产，但室内游泳池属于房产。

由于房地产开发企业开发的商品房在出售前，对房地产开发企业而言是一种产品，因此，对房地产开发企业建造的商品房，在售出前，不征收房产税；但对售出前房地产开发企业已使用或出租、出借的商品房应按规定征收房产税。

（三）房产税税目税率表

房产税适用于内资企业和个人，房产税的计算依据采用从价计税和从租计税，具体税率见表7-12。

表7-12　房产税税目税率

房产用途	计税依据	税率
经营自用	房产原值一次减除30%后的余额	1.2%
出租房屋	房产租金收入	12%
个人出租	住房房产租金收入	4%
企事业单位、社会团体以及其他组织按市场价格向个人出租用于居住的住房	住房房产租金收入	4%

十五、契税

契税是以所有权发生转移变动的不动产为征税对象，向产权承受人征收的一种财产税。应缴税范围包括：土地使用权出售或赠与和交换、房屋买卖、房屋赠与、房屋交换等。具体见表7-13。

表7-13 契税的征税对象

序号	具体情况	是否为契税征税对象	是否为土地增值税征税对象
1	国有土地使用权出让	是	不是
2	土地使用权的转让	是	是
3	房屋买卖	是	是
4	房屋赠与	是	一般不是，非公益赠与是
5	房屋交换	是（等价交换免）	是（个人交换居住用房免）

十六、资源税

资源税是以开发利用国有资源的单位和个人为纳税人，以重要资源品为课税对象，旨在消除资源条件优劣对纳税人经营所得利益影响的税类。

现行资源税税目，大而言之有7个，即原油、天然气、煤炭、其他非金属矿原矿、黑色金属矿原矿、有色金属矿原矿和盐。资源税的税目及税率见表7-14。

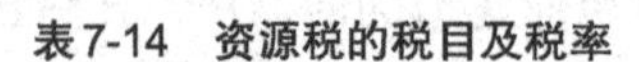

表7-14 资源税的税目及税率

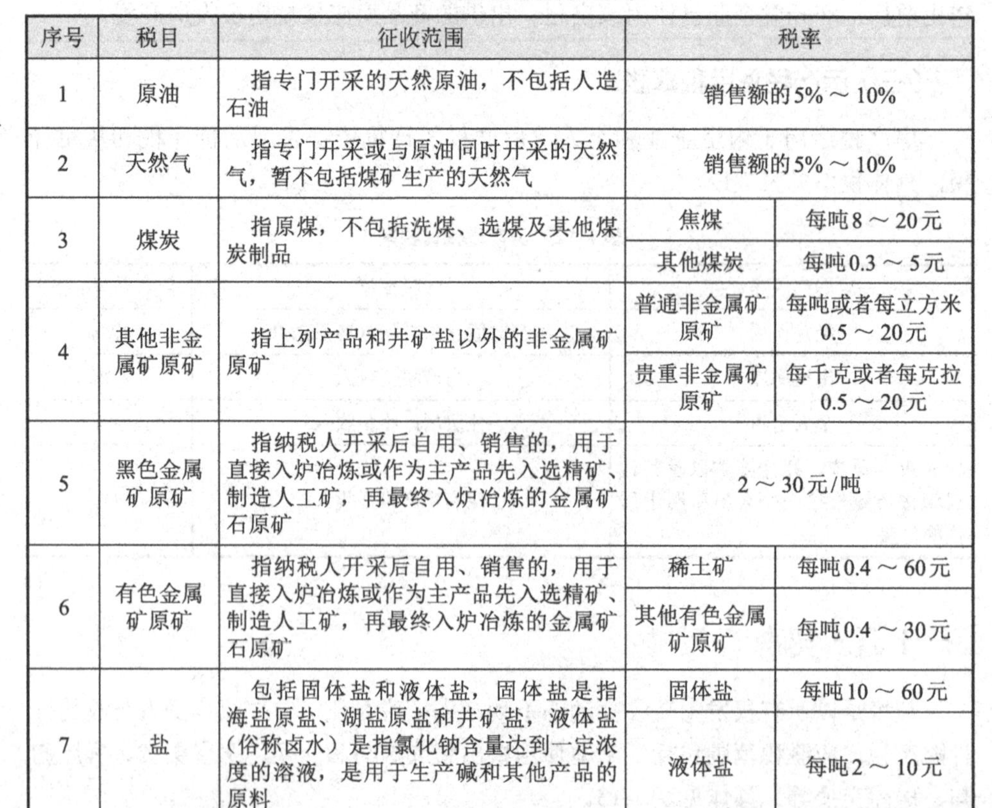

序号	税目	征收范围	税率	
1	原油	指专门开采的天然原油，不包括人造石油	销售额的5%～10%	
2	天然气	指专门开采或与原油同时开采的天然气，暂不包括煤矿生产的天然气	销售额的5%～10%	
3	煤炭	指原煤，不包括洗煤、选煤及其他煤炭制品	焦煤	每吨8～20元
			其他煤炭	每吨0.3～5元
4	其他非金属矿原矿	指上列产品和井矿盐以外的非金属矿原矿	普通非金属矿原矿	每吨或者每立方米0.5～20元
			贵重非金属矿原矿	每千克或者每克拉0.5～20元
5	黑色金属矿原矿	指纳税人开采后自用、销售的，用于直接入炉冶炼或作为主产品先入选精矿、制造人工矿，再最终入炉冶炼的金属矿石原矿	2～30元/吨	
6	有色金属矿原矿	指纳税人开采后自用、销售的，用于直接入炉冶炼或作为主产品先入选精矿、制造人工矿，再最终入炉冶炼的金属矿石原矿	稀土矿	每吨0.4～60元
			其他有色金属矿原矿	每吨0.4～30元
7	盐	包括固体盐和液体盐，固体盐是指海盐原盐、湖盐原盐和井矿盐，液体盐（俗称卤水）是指氯化钠含量达到一定浓度的溶液，是用于生产碱和其他产品的原料	固体盐	每吨10～60元
			液体盐	每吨2～10元

十七、印花税

印花税是以经济活动中签立的各种合同、产权转移书据、营业账簿、权利许可证照等应税凭证文件为对象所征的税。印花税由纳税人按规定应税的比例和定额自行购买并粘贴印花税票，即完成纳税义务。

（一）印花税纳税义务发生时间

账簿起用时；合同（协议）签订时；证照领受时；资本注册时或增加时。

（二）印花税税率表

印花税有13个税目。一般企业常用的印花税及税率见表7-15。

表7-15　印花税税率

序号	征税对象	税率
1	营业账簿	（1）记载资金的账簿，按实收资本与资本公积总额万分之五贴花 （2）其他账簿按件贴花五元贴花
2	购销合同，包括供应、预购、采购、购销结合及协作、调剂、补偿、易货等合同	按购销金额万分之三贴花
3	借款合同：包括银行及其他金融组织和借款	按借款金额万分之零点五贴花
4	财产保险合同，包括财产、责任、保证、信用等保险合同	按保险费金额千分之一贴花
5	财产租赁合同，包括租赁房屋、船舶、飞机、机动车辆、机械、器具、设备等	按租赁金额千分之一贴花，税额不足一元的按一元贴花

证券交易印花税，是印花税的一部分，根据书立证券交易合同的金额对卖方计征，税率为1‰。

相关链接 ▸▸▸

地税国税及申报日期

一、地税申报的税金

地税申报的税金有：营业税、城市维护建设税、教育费附加、个人所得税、印花税、房产税、土地使用税、车船使用税。

（1）每月7日前，申报个人所得税。

（2）每月15日前，申报营业税、城建税、教育费附加、地方教育费附加。

（3）印花税，每年年底申报一次（全年的）。

（4）房产税、土地使用税，每年4月15日前、10月15日前申报。但是，各地税务要求不一样，按照单位主管税务局要求的期限进行申报。

（5）车船使用税，每年4月申报缴纳。各地税务要求也不一样，按照单位主管税务局要求的期限进行申报。

（6）如果没有发生税金，也要按时进行零申报。

（7）纳税申报方式：网上申报和上门申报。如果网上申报，直接登陆当地地税局网站，进入纳税申报系统，输入税务代码、密码后进行申报就行了。如果是上门申报，填写纳税申报表，报送主管税务局就行了。

二、国税申报的税金

国税申报的税金主要有：增值税、所得税。

（1）每月15日前申报增值税。

（2）每季度末下月的15日前申报所得税。

（3）国税纳税申报比较复杂，需要安装网上纳税申报系统，一般国税都要对申报单位进行培训的。

第二节　企业日常经营活动涉税问题

一、采购过程涉税

（一）货物采购中会涉及哪些税

货物的采购主要指原辅材料的采购、动力及设备的采购，包括支付的相应的运输费用。采购过程主要涉及增值税，为降低采购成本，应注意与增值税抵扣相关票据和供应商增值税资格问题。

（二）发票问题

采购物资取得增值税发票注明的税额作为进项税额抵扣，但并非指所有的物资和各类发票，只有按照税法规定取得的发票才能予以抵扣，增值税条例对此有严格规定。

下列进项税额准予从销项税额中抵扣。

（1）从销售方取得的增值税专用发票（普通发票不允许）上注明的增值税额。

（2）从海关取得的海关进口增值税专用缴款书上注明的增值税额。

（3）购进农产品，除取得增值税专用发票或者海关进口增值税专用缴款书外，按照农产品收购发票或者销售发票上注明的农产品买价和13%的扣除率计算的进项税额。

进项税额计算公式：

进项税额＝买价 × 扣除率

（4）购进或者销售货物以及在生产经营过程中支付运输费用的，按照运输费用结算单据上注明的运输费用金额和7%的扣除率计算的进项税额。

运输费用金额是指运输费用结算单上注明的运输费用，包括铁路临管线及铁路专线运输费用和建设基金，但不包括装卸费、保险费等其他杂费。

（三）供应商增值税资格

从一般纳税人处或小规模纳税人处采购货物，取得的发票的税率及抵扣税额是有区别的。一般纳税人一般为17%（个别产品13%，特殊为6%），而小规模纳税人一般为3%。在价税总额一定的情况下，可抵扣的税额是不一样的。

举例：含税总额100万元的采购金额，从一般纳税人处取得的专用发票，成本金额为85.47万元，可抵扣增值税额为14.53万元，而从小规模纳税人处取得的发票，成本金额97.087万元，可抵扣税额为2.913万元。

二、生产过程涉税

生产过程主要涉及企业所得税，当然，也有增值税、营业税、个人所得税及其他税种等。

（一）成本费用的核算对税的影响

成本费用是纳税人进行财务分析和财务评价的重要经济指标，它通过影响商品或劳务的定价基础、财产价值、经营活动的收益水平，进而影响纳税人的税收负担。

资本性支出与收益性支出的划分、费用在完工产品和未完工产品之间的分配、生产性支出与营业外支出的划分等，都会影响企业所得额，进而影响所得税。

（二）固定资产折旧的影响

折旧的核算其实是一个成本分摊的过程，它的目的在于将固定资产的所得成本按合理而系统的方式，在它的估计有效使用期内进行摊销。不同折旧方法使每期摊销额有所不同，从而影响企业的应税所得，进而影响企业的所得税税额。

（三）存货管理对税的影响

存货是企业的一项很重要的资产，存货计价方法的选择是企业会计政策的一项重要内容，选择不同的存货计价方法将会导致不同的报告利润和存货估价，并对企业的税收负担、企业利润产生影响。

我国现行税制规定，纳税人各项存货的发生和领用，其实际成本价的计算方法，可以在先进先出法、后进先出法、加权平均法、移动平均法等方法中任选一种，而这四种不同的计价方法，产生的结果对企业成本多少及利润多少或纳税多少的影响是不同的。

不同的计价方法，会使结转当期销售成本的数额有所不同。期末存货的大小与销货成本的高低成反比，从而会影响到企业当期应纳税利润数额的确定。同时，存货管理过程中的废损和非正常性损失，其采购过程中的进项税不能抵扣，影响增值税额。其成本必须经税务部门备案审核后方能在计算应纳税所得时扣除，也影响所得税。

（四）费用管理

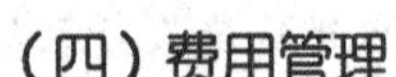

按照税法规定，不是所有的费用都允许在税前列支，也不是所有允许列支的费用都可以在当期列支，还有的费用要按照一定的比例在税前列支。

税前扣除的一般原则如图7-4所示。

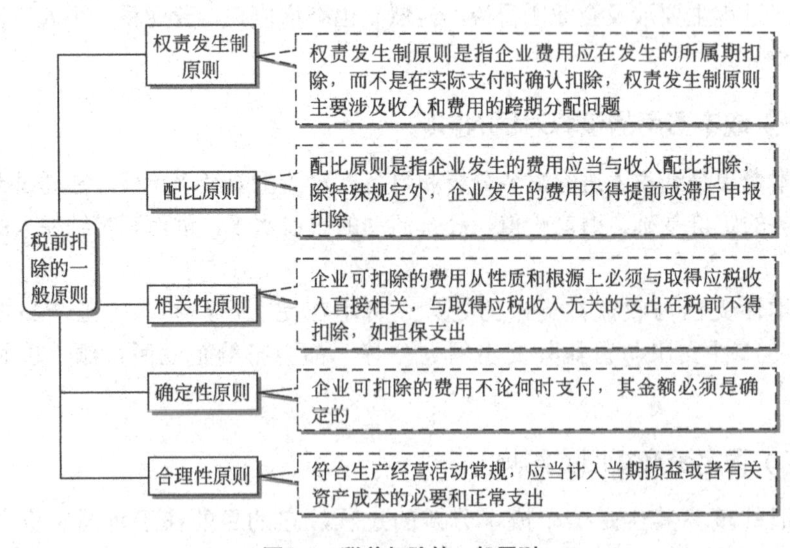

图7-4 税前扣除的一般原则

三、销售过程涉税

（一）销售货物会涉及哪些税

销售货物主要涉及增值税。增值税采用价外税，税款是附加在价格之外另行征收的，由购买方支付并最终由消费者负担。因此，增值税的核算与成本利润是截然分开的。通常情况下提到的增值税销售额，都是指不含税销售额，如果销售额是含税的，则需要特别指明是含税销售额。在计算应纳税额时，需要按照规定的公式来换算为不含税销售额。公式如下：

销售额=含税销售额 ÷（1+税率）

（二）销售额的确定

销售额为纳税人销售货物或者提供应税劳务向购买方收取的全部价款和价外费用，但是不包括收取的销项税额。

销售额应当是纳税人向购买方收取的货物或者应税劳务的销售款，这也符合收款方必须与销货方一致的规定。但是否征收增值税，还需要结合其他情况综合判断。

1.销售额的范围

销售额的范围包括全部价款和价外费用。价款一般是根据成本和利润而确定的货物价格。价外费用包括价外向购买方收取的手续费、补贴、基金、集资费、返还利润、奖励费、违约金、滞纳金、延期付款利息、赔偿金、代收款项、代垫款项、包装费、包装物租金、储备费、优质费、运输装卸费以及其他各种性质的价外收费。

2.不征收增值税的价外费用

不征收增值税的价外费用具体如下。

（1）受托加工应征消费税的消费品所代收代缴的消费税。

（2）同时符合以下条件的代垫运输费用。

① 承运部门的运输费用发票开具给购买方的。

② 纳税人将该项发票转交给购买方的。

（3）同时符合以下条件代为收取的政府性基金或者行政事业性收费。

① 由国务院或者财政部批准设立的政府性基金，由国务院或者省级人民政府及其财政、价格主管部门批准设立的行政事业性收费。

② 收取时开具省级以上财政部门印制的财政票据。

③ 所收款项全额上缴财政。

（4）销售货物的同时代办保险等而向购买方收取的保险费，以及向购买方收取的代购买方缴纳的车辆购置税、车辆牌照费。

（三）视同销售行为

视同销售行为是增值税税法规定的特殊销售行为，全称“视同销售货物行为”，意为其不同于一般销售，是一种特殊的销售行为，只是在税收的角度为了计税的需要将其“视同销售”。下列行为，视同销售货物。

（1）将货物交付其他单位或者个人代销。

（2）销售代销货物。

（3）设有两个以上机构并实行统一核算的纳税人，将货物从一个机构移送其他机构用于销售，但相关机构设在同一县（市）的除外。

（4）将自产或者委托加工的货物用于非增值税应税项目。

（5）将自产、委托加工的货物用于集体福利或者个人消费。

（6）将自产、委托加工或者购进的货物作为投资，提供给其他单位或者个体工商户。

（7）将自产、委托加工或者购进的货物分配给股东或者投资者。

（8）将自产、委托加工或者购进的货物无偿赠送其他单位或者个人。

另外，企业发生非货币性资产交换，以及将货物、财产、劳务用于捐赠、偿债、赞助、集资、广告、样品、职工福利或者利润分配等用途的，也应当视同销售货物、转让财产或者提供劳务，但国务院财政、税务主管部门另有规定的除外。

由于视同销售行为一般不以资金形式反映出来，因而会出现视同销售而无销售额的情况。

另外还要注意，增值税、企业所得税关于视同销售的具体规定是不完全相同的。有些增值税属于视同销售，但所得税不计。

四、投资、融资中涉税

（一）对外投资涉税

对外投资涉及的税种比较多，如企业所得税、营业税、增值税、印花税、契税等。不同的投资方式税收政策规定及税务处理是有区别的。例如，国家税务总局专门下发通知明确企业股权投资中涉及的所得税问题、企业用设备对外投资是否视同销售、投资收益如何纳税等。如果是到国外投资，还会涉及涉外税收问题。

（二）融资涉税

企业融资方式即企业融资的渠道可以分为两类：债务性融资和权益性融资。前者包括银行贷款、发行债券和应付票据、应付账款等，后者主要指股票融资。

债务性融资构成负债，企业要按期偿还约定的本息，债权人一般不参与企业的经营决策，对资金的运用也没有决策权。权益性融资构成企业的自有资金，投资者有权参与企业的经营决策，有权获得企业的红利，但无权撤退资金。

各种融资方式以及从不同来源获得融资主要涉及营业税、印花税、所得税及增值税等。在具体进行融资方式选择时，应考虑税法有关规定，如利息支出如何税前扣除、是全额还是限额？是否征纳营业税、增值税，如果征缴，税率是多少？等，一并作为融资成本。

五、经济合同的签订、执行中涉税

经济合同的签订和执行，是贯穿企业生产经营始终的一项非常重要的活动，也是各类税务风险的源头。如何控制税务风险，使税务风险降至最低，是业务部门、合同管理部门及财务部门的一项重要工作。

在各类经济技术指标等审核的基础上，涉税风险审核应重点进行与财务有关的各类书面文件及条款的审核。书面文件主要包括合同草稿、外委批准（需要进行外部委托）文件、对方营业执照、税务登记证、特殊业务许可（如运输许可、煤炭许可等）文件等。

经济合同的涉税风险审核重点应包括表7-16所列的内容。

表7-16　经济合同的涉税风险审核重点

序号	重点	具体说明
1	合同的价格条款	（1）合同的价格是否包含税金，合同价格不包含税金必须清晰说明 （2）合同收付款除合同订明价款以外，是否包括其他款项
2	合同的结算时间条款	（1）合同是否明确了收付款的方式 （2）赊销合同是否有明确的赊销时间或赊销的天数 （3）分期收款的合同是否有明确的收付款期和每次付款金额或者百分比 （4）按进度付款的合同是否明确了确定进度的方法
3	合同的发票条款（甲方合同适用）	（1）合同是否明确了对方有按税务规定提供发票的义务 （2）合同是否明确了在取得对方提供的发票以后才能支付款项（预付合同除外）
4	合同的税务责任条款	合同是否明确，由于对方提供的票据不符合规定给本公司造成的损失，由对方承担赔偿责任
5	合同的其他条款	（1）同一合同是否包括了销售和服务两项服务 （2）同一合同是否包括了适用不同税率的服务 （3）同一合同是否包括了非现金结算支付的方式 （4）存在以上条款的合同或者对以上内容不清楚的合同需经财务部门审核

第三节　发票与收据

发票和收据都是原始凭证，它们都可以证明收支了某项款项，也是企业常会碰到的与税务有关的票据。

一、发票

发票是指在购销商品、提供或者接受服务以及从事其他经营活动中，开具、收取的收付款凭证。

发票是记录生产和经济活动的重要原始凭证，它不仅是财务管理核算和消费者维护自身权益的法定证明，是会计人员凭以记账进行会计核算，计算应纳税款的原始凭证，也是税务机关计税和稽查的重要依据。只有合法有效的发票才能按税法规定进行税前扣除。

相关链接

发票的分类

1.按行业特点可分为：工业发票、商业发票、交通运输业发票、建筑安装发票、服务业发票、饮食业发票、其他行业发票等。

2.按发票反映的业务特点可分为：普通发票、专用发票、特种发票等。

3.按发票填开金额可分为：限额发票、非限额发票、定额发票、非定额发票等。

4.按发票式样统一程度可分为：全国统一发票、各级地方统一发票、冠有使用单位名称只限该单位使用的发票。

5.根据发票的不同性质可将发票进行以下不同的分类（这是最经常使用的分类方法）。

（1）按管辖范围可分为国税管辖发票和地税管辖发票。

（2）按印制过程可分为统印发票和自印发票。

（3）按填写方式可分为定额发票和非定额发票。

（4）按特定使用可分为普通发票和增值税专用发票。

企业在取得发票时就需要辨别发票的真伪及有效性，避免事后查出是假发票再进行更换，造成相关成本的增加。当出纳取得一张原始发票时，应注意从哪些方面进行审核，一般来说有以下3个大的方面。

（一）发票样式方面

（1）审核发票是否套印税务部门监制章。

（2）审核发票代码（即第一行数字）是否为12位阿拉伯数字，发票号码（即第二行数字）是否为8位阿拉伯数字。

发票是属地管理，即企业在哪里纳税，就使用哪里的发票。发票号码和代码是发票的序号，两者加在一起，能够确保这张发票在全国的唯一性。另外，假发票会套用真发票代码，查询时可以同时提供代码与号码，因为即使代码相同，号码不一定相同或号码相同代码不一定相同。特别是金额较大的发票一定要核实；如果你去修车给你一个宾馆等服务业的发票加盖修理业的公章就是他出去随意要的或者自己买的假发票。如果你使用假发票，根据票据使用规定，得接受处罚，性质严重涉嫌利用假发票犯罪的就触犯刑律了。

（3）审核发票代码前八位是否符合普通发票分类代码编制规则。普通发票分类代码为12位阿拉伯数字，如图7-5所示。

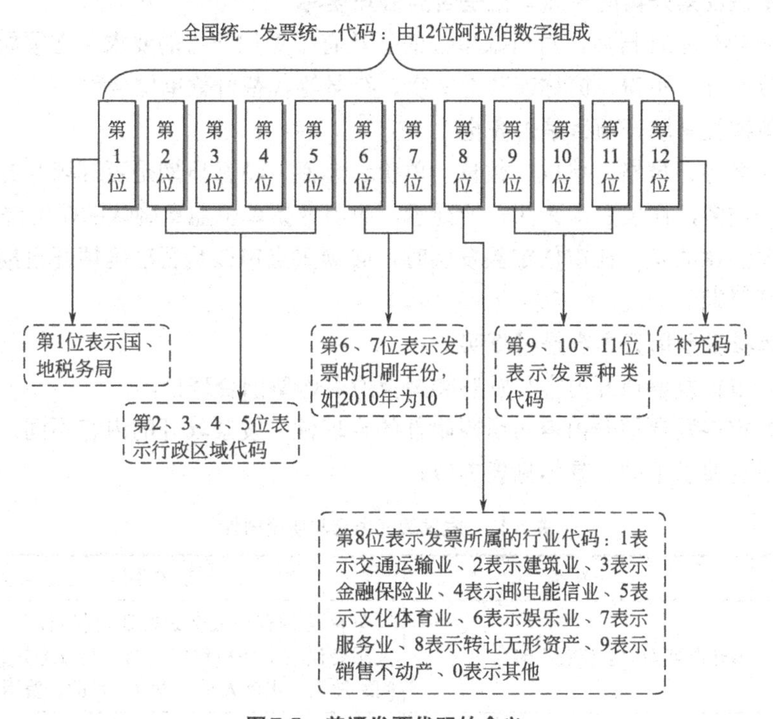

图7-5　普通发票代码的含义

（4）审核各种号码的印制位置。发票代码、发票号码统一印制在发票右上角或正上方。因为发票代码和发票号码是全国统一要求必须印制的发票项目。

特别提示

当发票代码编排存在以下4种情况时，可认定为虚假发票。

（1）地税发票使用国税代码。

（2）国税发票使用地税代码。

（3）地域代码虚假。

（4）发票的地域代码与发票章上的地域名称不能对应。如餐饮发票代码以1开头，则属于虚假发票。

（二）发票开具内容方面

1.审核发票开具的字迹和加盖的印章

重点审核字迹和单位财务印章或者发票专用章是否清楚、易于辨认。另外发票表面应干净整洁，并且内容不得涂改，如果填错涂改，应重新予以退换。

2.审核发票开具的付款单位是否为公司全称

2004年8月31日后，对付款单位的开具有了更加严格的要求：必须如实填开付款单位全称，不得以简称或其他文字、符号等代替付款单位全称。

3.审核发票填开项目是否齐全

商品名称、规格、单位、数量、单价、金额、填开日期是否都填开齐全，如果商品种类多，在发票上无法一一列示，应附开票单位盖章确认的明细清单。

需要注意的是，在审核定额发票时，必须重点审核是否准确填开日期，是否存在不开日期的情况。

4.审核发票填开内容是否真实

（1）审核发票填开内容与发票类型及所盖印章的合理性。

（2）审核发票填开内容与所附附件的合理性。发票填开的内容不同，所附的附件自然也要求不同。具体见表7-17。

表7-17　发票填开内容与所附附件

序号	填开内容	审核要点
1	填开内容为“会议费”时	审核是否有相关会议费证明材料，一般来说，大额会议费证明材料应包括：会议通知、会议时间、地点、出席人员、内容、目的、费用标准等
2	填开内容为“办公用品”或“食品”时	审核是否后附销售方提供的明细清单，并追查购置（采购）后是否按规定办理入库验收和领用手续

续表

序号	填开内容	审核要点
3	填开内容为“咨询费”、“顾问费”、“场租费”等服务费用时	审核是否后附相关的合同
4	填开内容为“礼品”时	业务经办部门应事前和财务部门沟通相应处理办法，应尽可能少开礼品费用，以避免个人所得税风险
5	支付对象为个人“劳务费”和“利息费用”时	取得发票时应附个人所得税完税凭证

（3）审核发票是否一次性套写，是否存在“大头小尾”的情况。

（4）审核发票是否存在连号开具，以达到发票金额“化整为零”的目的。

（三）如何鉴定假发票

鉴定假发票主要是靠经验，但也有一定的方法，主要是一看、二刮、三查询，见表7-18。

表7-18 鉴定假发票的方法

序号	方法	具体说明
1	看	（1）看发票代码和发票号码，数码的深浅度、大小、字体应该是一致的；反之，很可能是假发票 （2）看发票样式的特点，如国税发票的底纹或水印、地税定额发票的“条形码”等 （3）看发票所盖的章与消费场所是否吻合，如果不吻合，认定为假发票，如在餐厅用餐，提供的发票所盖的章却是商店的章 （4）看项目是否齐全：通用定额发票凡没有发票号、密码，税控机打发票凡没有税控码、发票号、密码、机打票号、机器编号都可能是假发票
2	刮	刮开密码区、刮奖区，正规发票的密码区、刮奖区均是很容易就能用指甲或硬币刮开的，而且密码区刮开后所显密码应该是具有唯一性的，不会重复，如果密码区、刮奖区无法刮开，有时甚至会把纸刮破，字迹也不清楚，或密码区刮开后所显密码出现重复，即可认定为假发票
3	查	现在的发票多为信息防伪发票，在发票背面多有“鉴别真伪请刮开密码层并依次输入××位发票号和密码，登录××税务局网站或语音服务热线98×××进行查询”的话，可以按照发票所写办法进行查询，以鉴别发票真伪

另外，现在多数省份国税和地税发票都开通了在线查询服务，因此通过各地国税或地税部门网站的发票查询栏目，或拨打纳税服务热线12366，可验证发票真伪。因为发票购买人的信息已经存入国地税的发票发售系统，就某代码的发票查询时，国地税都会告知该代码的发票是某某企业购买的，应该由哪家企业使用，这样真假发票一目了然。

企业在查询时要注意以下2点。

（1）同一次消费的几张相同面值的发票存在部分为真票，但另外一部分是假票的可能，同时，也存在同一面值的是真票，但另一面值的却是假票的可能，因此不能够通过查询部分为真票就断定其他发票都为真票。

（2）有些发票号码虽然通过网络或电话可以查询发票号码存在，但领用单位可能与开票单位不一致，这是违法企业套用真发票号码仿制的虚假发票，因此一定要核实发票领购人是否与盖章单位一致。

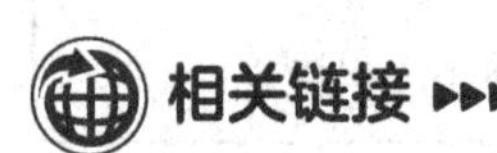

网站查询方法

（1）在百度中输入某省或某市国税局或地税局字样，或者直接将发票背面的税局网址输入到地址栏。

（2）进入税务局网站，查找发票查询模块。

说明：不同税务局的发票查询模块所在位置或名称都不太一致，需仔细查看。

（3）进入发票查询模块后，根据要求输入发票代码、号码、验证码等信息进行查询。

二、收据

收据是一种收付款凭证，它有种类之分，至于能否入账，则要看收据的种类及使用范围。收据与我们日常所说的“白条”不能画等号。

（一）收据的分类

收据可以分为内部收据和外部收据。

1. 内部收据

内部收据是单位内部的自制凭据，用于单位内部发生的业务，如收取员工押金、退还多余出差借款等，这时的内部自制收据是合法的凭据，可以作为资金收付入账。

2. 外部收据

外部收据又分为税务部门监制、财政部门监制、部队收据三种。单位之间发生业务往来，收款方在收款以后不需要纳税的，收款方就可以开具税务部门监制的收据。行政事业单位发生的行政事业性收费，可以使用财政部门监制的收据（比较多见）。单位与部队之间发生业务往来，按照规定不需要纳税的，可以使用部队监制的收据，这种收据也是合法的凭据，可以入账。

除上述几种收据外，单位或个人在收付款时使用的其他自制收据，就是日常所说的“白条”，是不能作为凭证入账的。

（二）发票与收据两者的区别

发票与收据两者有本质区别，不同经济内容的业务应收取或开具不同的发票或收据。发票的威严远远大于收据，发票所收支的款项可以作为成本、费用税前列支，而大部分收据都不能作为成本、费用税前列支，只有少部分收据能够作为成本、费用税前列支。

我们通常列支的成本、费用主要是指财政部门印制的盖有财政票据监制章的收据，用于行政事业性收入，即非应税业务，如行政收费、罚没款等。一般来说，这些收入要纳入财政预算范围内。收据通常有行政非税收入收据、行政事业收费收据、教育收费收据、行政事业往来收据等。

提醒您 

必须盖有财政监制章的收据方可入账！

（三）收据的审核

出纳在审核收据（含行政事业性收费收据）时应注意以下2点。

（1）看是否盖有财政部门或税务部门监制章。军队的收据一般接触不到。

（2）看是否列支经营性收入。

如果行政事业性收费收据开具内容是租赁费、销售收入等经营性业务收入，即使是事业性单位，也不能合法列支。正确的是应开具正规发票。

第四节　税收检查

税务检查（包括税务稽查），是税务机关根据国家税收法律、法规以及财务会计制度的规定，对纳税人是否正确履行纳税义务的情况进行检查和监督，以充分发挥税收职能作用的一种管理活动。

一、税务检查的内容

税务检查的内容主要包括以下4个方面。

（1）检查纳税人执行国家税收政策和税收法规的情况。

（2）检查纳税人遵守财经纪律和财会制度的情况。

（3）检查纳税人的生产经营管理和经济核算情况。

（4）检查纳税人遵守和执行税收征收管理制度的情况，查其有无不按纳税程序办事和违反征管制度的问题。

二、税务检查的方法

税务机关进行税务检查时，常用的方法见表7-19。

表7-19　税务检查的方法

序号	方法	详细内容
1	税务查账	税务查账是对纳税人的会计凭证、账簿、会计报表以及银行存款账户等核算资料所反映的纳税情况所进行的检查，这是税务检查中最常用的方法
2	实地调查	实地调查是对纳税人账外情况进行的现场调查
3	税务稽查	税务稽查是对纳税人的应税货物进行的检查

三、税务专项检查中维护自己的合法权益

税务专项检查不同于日常检查，税务专项检查在检查范围、检查力度、监督管理、定性处理等方面，其标准和要求将会更高，检查将会触及到企业的各个方面和层次，通过检查将会暴露出企业隐含的诸多涉税问题。对于税务专项检查，被查企业应当高度重视，并采取必要的应对措施，切实维护自己的合法权益，尽量减少经济损失。

（一）查前做好自查自纠工作以尽早排除涉税风险

企业要充分认识到税务专项检查的严肃性和紧迫性，不应当抱有任何侥幸心理，而应当未雨绸缪，提前做好充分准备，积极应对即将面临的税收专项检查。对企业可能存在的涉税问题，切不可听之任之，最终造成严重的经济损失，而应当尽早着手，在接受税务检查之前，根据企业自身的生产经营特点、财务核算情况和纳税申报情况，依据有关税收法律、法规的规定，认真排查企业可能存在的涉税风险点，积极做好自查自纠工作，尽量采取补救措施，提前排除有关涉税风险，以便轻松迎接即将来临的税收专项检查。

（二）要审查税务检查的合法性并要求有利害关系的检查人员回避检查

税务机关在对企业进行检查时，都要依法向企业下达正规的《税务检查通知书》，检查应当由两名以上检查人员共同实施，并向被查对象出示《税务检查证》。

因此，如果检查人员没有依法下达《税务检查通知书》，或者没有出示《税务检查证》，企业就可以拒绝检查，以防止个别人员滥用检查权利，侵害企业的利益。

如果被查企业与检查人员存在利害关系，担心检查人员滥用职权、趁机对企业进行打击报复，被查企业可以向该税务稽查局要求相关检查人员回避。尽管是否回避的最终决定权在稽查局局长，但是如果有利害关系的检查人员没有回避，并且检查人员存在滥用职权、故意打击报复的行为，给企业造成了经济损失，被查企业可以收集相关证据，以备将来依法行使陈述申辩、听证、复议和诉讼的权利，维护企业的合法权益。

（三）积极陈述申辩和提供有关资料以尽早澄清事实

被查企业通常都是在收到《税务行政处罚事项告知书》之后才进行陈述申辩，其实在税务机关作出处罚决定之前，随时都可以陈述申辩，即不仅可以在查后对拟处罚决定进行陈述申辩，而且在查中就可以对涉税问题进行陈述申辩。被查企业如果对检查人员认定的某项违反事实有异议，应当尽可能同时提供不同的证据和依据，争取双方在将案件移交到审理环节之前就澄清事实，尽早避免错案发生，减少经济损失。另外，被查企业如果对既成偷税行为不是主观故意，也可以在陈述申辩的时候讲明情况，请求税务机关能够给予最低额度的罚款，以便争取将损失降到最低程度。

（四）对违法取得的证据不予认可

《中华人民共和国税收征收管理法》（以下简称《税收征收管理法》）规定，税务稽查人员调查取证时，不得违反法定程序搜集证据材料，不得以偷拍、偷录、窃听等手段获取侵害他人合法权益的证据材料，不得以利诱、欺诈、胁迫、暴力等不正当手段获取证据材料。在法律上，违法取得的证据不能作为定案的依据，被查企业对涉及的违法事实可以不予认可。如果将来税务机关依据这些证据进行处理、处罚，被查企业可以依法要求听证、复议或诉讼，以避免给企业造成损失。

（五）认真审核《税务检查工作底稿》并慎重签署企业意见

《税务检查工作底稿》是检查人员对违法事实所涉及的业务情况和数据进行的描述，也是证据的组成部分。因此，企业对《税务检查工作底稿》要慎重对待，不能草率签下“情况属实”的字样，在上面签署意见之前要首先根据《税务检查工作底稿》上所涉及的业务和数据，查找企业相关的会计资料，认真核实，务求准确，然后再根据核对的情况签署企业的真实意见。

（六）可以采取预缴涉案税款以尽量减少经济损失

在税务检查中，税务检查人员只要发现被查企业有未按期缴纳或者解缴税款的行为，就必然要根据《税收征收管理法》的规定对少缴纳的税款加收万分之五的滞纳金。虽然滞纳金在计算比例上是很低的，但是如果滞纳税款的时间较长，就可能使滞纳金累积成一个很大的数额。

税务检查人员从查出涉案税款到最终下达《税务处理决定书》，必须严格按照稽查规程履行一系列检查工作程序，这个过程需要一段时间，这样必然要延长滞纳税款的时间。

因此，被查企业在检查中要积极、主动地与税务检查人员进行沟通，沟通的目的不仅是要及时澄清一些非违法问题，而且还可以从中了解在检查中所涉嫌的违法问题的情况。被查企业对于税务机关查出的税款，如果在将来可能的听证、复议和诉讼中胜算把握不大，其滞纳的每一天都要加收不菲的滞纳金，被查企业就应当考虑在收到《税务处理决定书》之前，甚至在检查过程中就尽早缴纳有关税款，以尽量缩短滞纳税款的时间，争取少加收滞纳金的结果。被查企业在检查中就预缴涉案税款，也是积极配合检查的态度，还可以争取税务机关酌情对违法行为从轻处罚。

（七）依法行使权利、不要错过时机

被查企业除享有陈述申辩权利之外，对罚款还享有听证、复议和诉讼的权利，对税款和滞纳金享有复议和诉讼的权利，行使这些权利都有时间上的限制，被查企业在相继收到的《税务行政处罚事项告知书》、《税务处理决定书》和《税务行政处罚决定书》上都有告知行使相关权利的途径、条件和期限，如果被查企业对其中的事项仍有异议，切记不要错过行使相关权利的最佳时机。

（八）被强制执行时要防止财产非正常损失

被查企业如果未按照规定的期限缴纳或者解缴税款，经责令限期缴纳而逾期仍未缴纳的，或者对罚款逾期不申请行政复议也不向人民法院起诉，又不履行的，税务机关可能要依法采取强制执行措施。在这个过程中，被查企业虽然处于被强制执行的不利地位，但仍要关注企业的正当权益不能受到侵害。

（1）扣缴存款不能超过应纳税款、罚款和滞纳金的总金额。

（2）税务机关在对财产进行变现时，要按照法定的变现顺序进行，不能随意选择处理财产的方式，造成低价处理财产，使被查企业蒙受额外经济损失。

（3）拍卖或者变卖所得抵缴税款、滞纳金、罚款以及拍卖、变卖等费用后，剩余部分应当退还被执行人。

如果税务机关采取强制措施不当，给被查企业造成了经济损失，被查企业可以进行复议或诉讼，要求税务机关对造成的损失进行赔偿。